초등 학교

한자 漢字

6

상석각

❈ 일러두기 ❈

♣ 이 책은 초등학교 재량활동 시간에 실시하는 漢字 교육용 교재로 활용하기 위해 만든 것으로 6단계 중 6단계입니다. 6단계는 초등학교 6학년 수준을 1권으로 엮었습니다.

♣ 이 책은 중학교와의 연계성을 고려하여 가능한 한 중학교 교육용 漢字 범위 내에서 일상 생활에서 많이 사용되는 漢字와 한자어를 선정하였습니다.

♣ 이 책은 총 12단원으로 꾸며졌습니다. 1단원은 3시간 학습량으로 다음과 같은 체제가 반복되므로 지도선생님께서는 참고하여 지도하여 주시기 바랍니다.

기본학습 ➡ 탐구학습(1) ➡ 읽기·쓰기학습(1) ➡ 기본학습 ➡ 탐구학습(2) ➡ 읽기·쓰기학습(2)
|---------------------------(1시간)---------------------------| |---------------------------(1시간)---------------------------|

활용학습(1) ➡ 놀이학습 ➡ 활용학습(2) ➡ 연습문제
|---------------------------(1시간)---------------------------|

🐌 기본 학습

학습 목표를 제시하고 학습 상황을 설정하여 새로 배워야 할 漢字를 개념적으로 익히도록 하였습니다.

🔍 탐구 학습

漢字의 자원(字源)이나 짜임을 그림으로 제시하여 漢字를 쉽게 이해하도록 하고 뜻과 음을 스스로 깨닫도록 하였습니다.

 **읽기·쓰기 학습**

　새로 배우는 漢字의 뜻과 음을 소리내며 한글로 쓰는 과정을 두어 일반 교재의 소홀한 점을 보완하였고 필순에 따라 쓰는 과정을 통해 익히도록 하였습니다.

 **활용 학습**

　漢字를 익힌 후에 배운 漢字가 들어간 한자어를 제시하여 일상생활에서 사용되는 예를 들어 문장 속에서 漢字를 익히도록 하였으며, 한자어를 쉽게 풀이하였고 한자 생각 늘리기를 통해 한자에 대한 이해를 넓히도록 하였습니다.

 **연습 문제**

　한 단원을 마치고 학습한 漢字를 연습 문제를 통해 익히고 어느 정도 알고 있는지 스스로 확인해 보도록 하였습니다. 쉬운 漢字는 쓰는 문제까지 제시하였으나 대부분이 뜻과 음을 적는 수준으로 하였습니다.

 **놀이 학습**

　지금까지 학습 과정을 거치는 동안 읽고 쓰는데 중점을 두었기 때문에 흥미도를 높이기 위해 놀이, 게임, 이야기 자료 등을 통해 漢字 공부에 대한 친근감과 학습효과를 높이도록 하였습니다. 놀이 학습을 강조한 점이 이 책의 특징이라 할 수 있습니다.

❋ 단원 지도 계획 ❋

	단원명	지도 쪽수	시간	비고
1	근면 성실	8, 10, 11 9, 14, 15 12, 13, 16, 17	1 1 1	
2	운동과 경기	18, 20, 21 19, 24, 25 22, 23, 26, 27	1 1 1	
3	민족의 근원	28, 30, 31 29, 34, 35 32, 33, 36, 37	1 1 1	
4	조상의 빛난 얼	38, 40, 41 39, 44, 45 42, 43, 46, 47	1 1 1	
5	법과 사회 생활	48, 50, 51 49, 54, 55 52, 53, 56, 57	1 1 1	
6	민주주의 국가	58, 60, 61 59, 64, 65 62, 63, 66, 67	1 1 1	
7	자랑스런 우리 나라	68, 70, 71 69, 74, 75 72, 73, 76, 77	1 1 1	
8	통일 조국을 위해	78, 80, 81 79, 84, 85 82, 83, 86, 87	1 1 1	
9	재미있는 한자어	88, 90, 91 89, 94, 95 92, 93, 96, 97	1 1 1	
10	사자성어	98, 100, 101 99, 104, 105 102, 103, 106, 107	1 1 1	
11	지구촌 시대	108, 110, 111 109, 114, 115 112, 113, 116, 117	1 1 1	
12	졸업을 앞두고	118, 120, 121 119, 124, 125 122, 123, 126, 127	1 1 1	
계			36	

차 례

◘ 일러두기

◘ 단원 지도 계획 ······ 6

1. 근면 성실 ······ 8

2. 운동과 경기 ······ 18

3. 민족의 근원 ······ 28

4. 조상의 빛난 얼 ······ 38

5. 법과 사회 생활 ······ 48

6. 민주주의 국가 ······ 58

7. 자랑스런 우리 나라 ······ 68

8. 통일 조국을 위해 ······ 78

9. 재미있는 한자어 ······ 88

10. 사자성어 ······ 98

11. 지구촌 시대 ······ 108

12. 졸업을 앞두고 ······ 118

◘ 부록 / 이 책에서 새로 배운 한자 ······ 128

1. 근면 성실

 기본 학습

◆ 성실한 생활을 생각하며 한자어를 읽어 봅시다.

勤勉　　成功　　成年

聖人　　至誠　　感天

새로 배우는 한자

勤 (근) 부지런하다　　勉 (면) 힘쓰다　　成 (성) 이루다

功 (공) 이바지하다　　聖 (성) 성인　　至 (지) 이르다

◆ 다음 한자어를 소리내어 읽어 봅시다.

目的   認定   留學

誠心   勉學

새로배우는한자

的 (적) 과녁   認 (인) 인정하다   定 (정) 정하다
留 (유) 머무르다

 탐구 학습(1)

◆ 그림을 보면서 한자(漢字)의 뜻과 음(音)을 알아봅시다.

勤	堇+力→勤 (진흙)(힘) 진흙 속에서 힘써 일하니 부지런하다는 뜻임.	• 이 한자는 무슨 뜻인가요?
뜻: 부지런할 읽기: 근		
勉	免+力→勉 (면하다)(힘) 고생을 면하도록 힘쓰라고 권한다는 뜻임.	• 이 한자는 무슨 뜻인가요?
뜻: 힘쓸 읽기: 면		
成	成→成 좋은 자리를 창으로 차지하여 뜻을 이룬다는 뜻임.	• 이 한자는 무슨 뜻인가요?
뜻: 이룰 읽기: 성		
功	工+力→功 (만들다)(힘) 새것을 만들려고 힘을 써 사회에 이바지한다는 뜻임.	• 이 한자는 무슨 뜻인가요?
뜻: 이바지할 읽기: 공		
聖	耳(귀) 口(입)+王(왕)→聖 귀를 드러내놓고 들어도 흠이 없는 사람이 성인이라는 뜻임.	• 이 한자는 무슨 뜻인가요?
뜻: 성인 읽기: 성		

 읽기·쓰기 학습 (1)

◆ 아래 한자(漢字)의 뜻과 음(音)을 소리내어 읽으면서 써 봅시다.

勤	부지런할 **근**	부지런할 근	
勉	힘쓸 **면**	힘쓸 면	
成	이룰 **성**	이룰 성	
功	이바지할 **공**	이바지할 공	
聖	성인 **성**	성인 성	

◆ 아래 한자(漢字)를 쓰는 순서에 맞게 써 봅시다.

勤	一 十 廿 甘 苴 莫 菫 勤 勤
	勤
勉	ノ ヶ ク 户 免 免 勉
	勉
成	ノ 厂 厅 成 成 成
	成
功	一 丁 工 功 功
	功
聖	一 丆 F F 王 耳 耳 甼 聖 聖 聖
	聖

11

 활용 학습(1)

一 생활 속의 한자

1) 勤勉한 사람에게 福이 온다고 합니다.
2) 誠實하게 努力하는 사람은 반드시 成功합니다.
3) 예수, 석가모니, 공자 같은 분을 聖人이라 합니다.
4) 일의 成果가 좋았습니다.
5) 삼촌은 올해 스무 살로 成年이 되었습니다.

二 한자어 풀이

1) 勤勉(근면) : 부지런함.
2) 成功(성공) : 목적을 이룸.
3) 聖人(성인) : 모든 사람의 스승이 될 만한 사람.
4) 成果(성과) : 일을 이룬 결과.
5) 成年(성년) : 어른.

三 한자 생각 늘리기

▶ 한자의 쓰임

最 → 最善(최선), 最高(최고), 最初(최초), 最上(최상), 最長(최장)

實 → 實果(실과), 實踐(실천)

至 → 至誠(지성 : 정성이 지극함)

▶ 음이 같은 한자

공 ── 功(이바지할 공), 公(공평할 공), 共(한가지 공), 工(장인 공)

새로 배우는 한자

實 (실) 열매　　※ 踐 (천) 밟다

 놀이 학습 퍼즐놀이

◐ 다음 퍼즐놀이를 한자로 쓰면서 빈 칸의 말을 이어 봅시다.

〈세로 열쇠〉

2. 실과(과일이나 열매)
3. 노력
5. 농촌
6. 다독상(책을 많이 읽은 사람에게 주는 상)

〈가로 열쇠〉

1. 성실 4. 인력 6. 다정 7. 산촌 8. 상품

정답 ▶

◆ 그림을 보면서 한자(漢字)의 뜻과 음(音)을 알아봅시다.

的	→ 白 + 勺 → 的 (흰) (움켜잡다) 쌀밥같이 흰 표적을 화살이 움켜잡도록 만든 것이 과녁이라는 뜻임.	• 이 한자는 무슨 뜻인가요?
뜻 과녁 / 읽기 적		
認	→ 言 + 忍 → 認 (말) (참다) 말을 끝까지 참고 들으면 사실을 안다는 데서 '안다', '인정하다'의 뜻임.	• 이 한자는 무슨 뜻인가요?
뜻 인정할 / 읽기 인		
定	→ 宀 + 疋 → 定 (집) (발) 집에 발(기둥)을 고정시킨다는 뜻임.	• 이 한자는 무슨 뜻인가요?
뜻 정할 / 읽기 정		
留	→ 卯 + 田 → 留 (토끼) (밭) 토끼가 풀밭에 머무른다는 데서 '머무르다'의 뜻임.	• 이 한자는 무슨 뜻인가요?
뜻 머무를 / 읽기 유		
踐	→ 足 + 戔 → 踐 (발) (작다) 작게 부수려고 발로 밟는다는 뜻임.	• 이 한자는 무슨 뜻인가요?
뜻 밟을 / 읽기 천		

◆ 아래 한자(漢字)의 뜻과 음(音)을 소리내어 읽으면서 써 봅시다.

的	과녁 **적**	과녁 적		
認	인정할 **인**	인정할 인		
定	정할 **정**	정할 정		
留	머무를 **유**	머무를 유		
踐	밟을 **천**	밟을 천		

◆ 아래 한자(漢字)를 쓰는 순서에 맞게 써 봅시다.

的	′ 亻 卢 白 的 的 的			
認	丶 亠 言 言 言 訂 訒 認 認 認 認			
定	丶 宀 宀 宀 宁 定 定 定			
留	⺈ ⺈ ⺈ 卯 卯 留 留 留 留			
踐	口 𠯃 𠯆 吊 吊 𧾷 跂 跋 踐 踐 踐			

15

 활용 학습 (2)

一 생활 속의 한자

1) 目的을 達成하려면 의지를 가지고 最善을 다해야 합니다.
2) 사람은 누구나 認定받기를 원합니다.
3) 언니는 語學 연수를 위해 留學을 갔습니다.
4) 무슨 일이든지 誠心껏 하면 누구에게나 認定을 받습니다.
5) 우리 학교는 勉學 분위기가 조성되었습니다.

二 한자어 풀이

1) 目的(목적) : 일을 이루고자 하는 목표.
2) 認定(인정) : 옳은 것을 믿고 정함.
3) 留學(유학) : 외국에 가서 공부함.
4) 誠心(성심) : 정성스러운 마음.
5) 勉學(면학) : 부지런히 공부함.

三 한자 생각 늘리기

▶ 한자의 쓰임

　定 → 認定(인정), 協定(협정)

▶ 음이 같은 한자

　성 ── 聖(성인 성), 成(이룰 성)

 **연습 문제**

● 다음 한자(漢字)의 뜻과 음(音)을 써 봅시다.

1. 勤 (   )   2. 成 (   )

3. 的 (   )   4. 定 (   )

● 다음 한자어를 읽어 봅시다.

5. 認定 ○○

6. 成功 ○○

● 다음을 한자(漢字)로 써 봅시다.

7. 목적   8. 노력

● 다음 뜻과 음(音)을 가진 한자(漢字)는 어느 것인가요? 그 번호를 써 봅시다.

9. 머무를 유 ·· (   )
 ① 有   ② 留   ③ 流   ④ 的

10. 힘쓸 면 ·· (   )
 ① 動   ② 定   ③ 勉   ④ 留

17

2. 운동과 경기

 기본 학습

◆ 운동과 경기에 관한 한자어를 읽어 봅시다.

競技　　參加　　選手

電波

새로 배우는 한자

競 (경) 다투다　　參 (참) 참여하다　　加 (가) 더하다
選 (선) 뽑다　　　電 (전) 전기　　　　波 (파) 물결

◆ 다음 한자어를 소리내어 읽어 봅시다.

放送   放學   體典

電送   體力

體育   勝敗

새로 배우는 한자

放 (방) 놓다   送 (송) 보내다   體 (체) 몸
典 (전) 법   勝 (승) 이기다   敗 (패) 패하다

 탐구 학습 (1)

◆ 그림을 보면서 한자(漢字)의 뜻과 음(音)을 알아봅시다.

競	立+兄→競 (서다)(형) 형 둘이 서서 다투는 모양으로 '다투다'의 뜻임.	• 이 한자는 무슨 뜻인가요?
뜻: 다툴 / 읽기: 경		

參	參→參 꽃을 꽂은 삿갓을 머리(결)에 쓰고 식에 참여한다는 데서 '참여하다'의 뜻이 됨.	• 이 한자는 무슨 뜻인가요?
뜻: 참여할 / 읽기: 참		

加	力+口→加 (힘)(입) 힘을 내라고 입으로 응원하여 사기를 더한다는 데서 '더하다'의 뜻임.	• 이 한자는 무슨 뜻인가요?
뜻: 더할 / 읽기: 가		

選	巳(구부린 모습) 共(함께) 辶(나아가다) →選 두 사람이 구부리고 함께 나아가 대표자를 가리어 뽑는다는 뜻임.	• 이 한자는 무슨 뜻인가요?
뜻: 뽑을 / 읽기: 선		

電	雨+电→電 (비)(안테나 모양) 비올 때 안테나에 번개같이 이는 것이 전기라는 뜻임.	• 이 한자는 무슨 뜻인가요?
뜻: 전기 / 읽기: 전		

 읽기·쓰기 학습(1)

◇ 아래 한자(漢字)의 뜻과 음(音)을 소리내어 읽으면서 써 봅시다.

競	다툴 경	다툴 경		
參	참여할 참	참여할 참		
加	더할 가	더할 가		
選	뽑을 선	뽑을 선		
電	전기 전	전기 전		

◇ 아래 한자(漢字)를 쓰는 순서에 맞게 써 봅시다.

競	` ㅗ ㅛ ㅛ 효 흉 흉 흉 흉 흉 競` 競									
參	`ㄥ ㄥ ㅿ 厽 厽 失 失 參 參` 參									
加	`フ カ 加 加 加` 加									
選	`フ 彐 弓 벋 벋 벋 巽 巽 巽 選` 選									
電	`一 厂 厂 千 千 雨 雨 雨 電` 電									

21

 활용 학습(1)

一 생활 속의 한자

1) 運動 競技마다 규칙이 다릅니다.
2) 運動 競技는 參加하는 데 뜻이 있습니다.
3) 運動 選手는 힘든 연습을 꾸준히 합니다.
4) 우주인이 달에 착륙하는 모습은 電波를 타고 안방까지 전해졌습니다.

二 한자어 풀이

1) 競技(경기) : 일정한 규칙 아래 솜씨나 기술을 겨루는 일.
2) 參加(참가) : 어떤 모임이나 단체에 나감.
3) 選手(선수) : 경기나 시합에 참가하는 사람.
4) 電波(전파) : 전기의 파동.

三 한자 생각 늘리기

▶ 갖은자

일반적으로 수(數)를 한자(漢字)로 쓸 경우는

一, 二, 三으로 쓰나

갖은자로 쓸 경우는

一은 壹로, 二는 貳로, 三은 參으로 씁니다.

▶ 한자의 쓰임

電 ➡ 電氣(전기), 電送(전송)

새로 배우는 한자

氣 (기) 기운

 놀이 학습 **한자야, 어디 있니?**

◯ 숨은 한자(漢字)를 찾아보고 한자어가 되도록 줄로 이어 봅시다.

◀찾아야 할 한자▶

1. 다툴 경 2. 참여할 참 3. 뽑을 선
4. 놓을 방 5. 몸 체 6. 이룰 성

| 送 | 技 | 手 | 力 | 功 | 加 |

 탐구 학습 (2)

◆ 그림을 보면서 한자(漢字)의 뜻과 음(音)을 알아봅시다.

放	(쟁기 모양)(두들기다) → 才 + 攵 → 放 쟁기를 사방 두들겨 고치도록 놓아 둔다는 데서 '놓아 두다'의 뜻임.	• 이 한자는 무슨 뜻인가요?
뜻 놓을 읽기 방		
送	(쪼개다)(하늘)(가다) → 八 天 辶 → 送 공기를 쪼개듯이 하늘을 달리는 여객기로 떠나보낸다는 데서 '보내다'의 뜻임.	• 이 한자는 무슨 뜻인가요?
뜻 보낼 읽기 송		
體	→ 骨 + 豊 → 體 (뼈) (풍성함) 뼈 마디가 풍성하게 모여 이루어진 것이 '몸'이라는 뜻임.	• 이 한자는 무슨 뜻인가요?
뜻 몸 읽기 체		
典	→ 典 → 典 책으로 책상에 있는 것이 법전이라는 뜻임.	• 이 한자는 무슨 뜻인가요?
뜻 법 읽기 전		
勝	→ 朕 → 勝 팔로 물건을 들어올리는 것을 나타내는데, 힘센 사람이 '이긴다'는 뜻임.	• 이 한자는 무슨 뜻인가요?
뜻 이길 읽기 승		

24

 읽기·쓰기 학습(2)

◆ 아래 한자(漢字)의 뜻과 음(音)을 소리내어 읽으면서 써 봅시다.

放	놓을 **방**	놓을 방		
送	보낼 **송**	보낼 송		
體	몸 **체**	몸 체		
典	법 **전**	법 전		
勝	이길 **승**	이길 승		

◆ 아래 한자(漢字)를 쓰는 순서에 맞게 써 봅시다.

放	` 亠 亍 方 方 方 放 放` 放
送	` 八 丷 夆 夅 羑 送` 送
體	`丨 冂 冋 凸 骨 骨 骨 骨 骨 體 體 體 體 體` 體
典	`丨 冂 曲 曲 曲 典 典` 典
勝	`丿 几 月 月 月 胙 胙 胖 胖 勝 勝` 勝

25

활용 학습 (2)

一. 생활 속의 한자

1) 天下 장사 씨름 대회 결승전을 放送으로 보았습니다.
2) 이번 여름 放學 때는 水泳을 배울 계획입니다.
3) 全國體典은 매년 各 市道를 돌아가며 열립니다.
4) 體育時間은 즐겁습니다.
5) 아침 달리기는 體力을 증진시키는 데 좋습니다.
6) 2002년 월드컵 경기 장면은 전세계에 電送되었습니다.
7) 모든 경기의 勝敗는 선수들의 정신력에 달려 있습니다.

二. 한자어 풀이

1) 放送(방송) : 전파를 이용해서 뉴스, 연예 등을 널리 보냄.
2) 放學(방학) : 학교에서 학기가 끝나고 일정 기간 공부를 쉼.
3) 體典(체전) : 체육 경기나 운동을 통한 축제.
4) 體育(체육) : 몸의 발달과 단련을 꾀하는 교육.
5) 體力(체력) : 몸의 힘.
6) 電送(전송) : 전기에 의해 보내짐.
7) 勝敗(승패) : 이기고 짐.

三. 한자 생각 늘리기

▶ 한자의 쓰임

送 → 送信(송신), 送別(송별), 送出(송출)

體 → 體力(체력), 體內(체내), 體溫(체온)

▶ 서로 뜻이 맞서는 한자

勝(이길 승) ←→ 敗(패할 패)

연습 문제

◯ 다음 한자(漢字)의 뜻을 보기 에서 찾아 번호를 ( ) 안에 써 봅시다.

> **보기**   ① 다투다   ② 더하다   ③ 뽑다   ④ 몸

1. 加 (   )   2. 競 (   )
3. 體 (   )   4. 選 (   )

◯ 다음 한자어를 읽어 봅시다.

5. 競技 ◯◯   6. 選手 ◯◯

◯ 다음 한자(漢字)로 한자어를 만들 수 있는 한자(漢字)는 어느 것인가요? (   ) 안에 번호를 써 봅시다.

7. 放 ·· (   )
　① 送　　② 信　　③ 參　　④ 加

8. 參 ·· (   )
　① 競　　② 體　　③ 選　　④ 加

◯ 다음 한자(漢字)의 뜻과 음(音)을 써 봅시다.

9. 放 (   )   10. 典 (   )

3. 민족의 근원

 기본 학습

◆ 우리 민족의 뿌리를 생각하며 한자어를 읽어 봅시다.

檀君　　白衣民族

同族　　　　子孫

一片　　　　大王

새로 배우는 한자

※ 檀 (단) 박달나무　　君 (군) 임금　　玉 (옥) 구슬
族 (족) 겨레　　孫 (손) 손자　　片 (편) 조각

◆ 다음 한자어를 소리내어 읽어 봅시다.

臣下　　歷史

弘益人間　半萬年

半圓　　單一民族

새로배우는한자

臣 (신) 신하　　歷 (력) 지내다　　史 (사) 역사

※ 弘 (홍) 넓다　　半 (반) 조각, 절반　　單 (단) 홑

 탐구 학습 (1)

◆ 그림을 보면서 한자(漢字)의 뜻과 음(音)을 알아봅시다.

檀	木 + 亶 → 檀 (나무) (크다) 나무 중에서 광의 층계돌같이 크게 단단한 것이 박달나무라는 뜻임.	• 이 한자는 무슨 뜻인가요?
뜻 박달나무 읽기 단		
君	→ 손 + 口 → 君 (손과 지휘봉 모양)(입) 손에 지휘봉을 들고 명령하는 사람이 임금이라는 뜻임.	• 이 한자는 무슨 뜻인가요?
뜻 임금 읽기 군		
玉	→ 王 → 玉 세 개의 구슬을 끈에 꿴 모양을 본뜬 글자로 '옥', '구슬'을 뜻함.	• 이 한자는 무슨 뜻인가요?
뜻 구슬 읽기 옥		
族	→ 朮 + 矢 → 族 (쟁기와 깃발)(화살) 깃발 아래 화살같이 많은 겨레가 모인다는 데서 '겨레'의 뜻임.	• 이 한자는 무슨 뜻인가요?
뜻 겨레 읽기 족		
孫	→ 子 + 系 → 孫 (아들) (실) 아들의 대를 이어 주는 자가 '손자'라는 뜻임.	• 이 한자는 무슨 뜻인가요?
뜻 손자 읽기 손		

 읽기·쓰기 학습(1)

◆ 아래 한자(漢字)의 뜻과 음(音)을 소리내어 읽으면서 써 봅시다.

檀	박달나무 **단**	박달나무 단		
君	임금 **군**	임금 군		
玉	구슬 **옥**	구슬 옥		
族	겨레 **족**	겨레 족		
孫	손자 **손**	손자 손		

◆ 아래 한자(漢字)를 쓰는 순서에 맞게 써 봅시다.

檀	一十十才才栌栌栌栢栢栢檀檀
	檀
君	フコヨ尹尹君君
	君
玉	一丁干王玉
	玉
族	丶亠方方方汽汽族族族
	族
孫	フ了子孑孑孫孫孫孫
	孫

31

활용 학습(1)

一 생활 속의 한자
1) 檀君은 고조선을 세운 시조입니다.
2) 우리는 흰 옷을 좋아하는 白衣民族입니다.
3) 북한 동포는 우리와 같은 同族입니다.
4) 우리는 檀君子孫입니다.
5) 한글을 만드신 분은 세종 大王입니다.

二 한자어 풀이
1) 檀君(단군) : 고조선을 처음 세운 시조.
2) 白衣民族(백의민족) : 흰 옷 입기를 좋아하는 민족.
3) 同族(동족) : 같은 민족.
4) 子孫(자손) : 아들과 손자, 또는 후손.
5) 大王(대왕) : 훌륭한 임금.

三 한자 생각 늘리기
▶ 임금을 뜻하는 한자
　君(군), 王(왕)
▶ 한자의 쓰임

　孫 → 孫子(손자), 孫女(손녀), 子子孫孫(자자손손)

　族 → 同族(동족), 親族(친족), 民族(민족)

　片 → 一片(일편), 一片丹心(일편단심)

▶ 모양이 비슷한 한자
　君(임금 군) —— 郡(고을 군), 玉(구슬 옥) —— 王(임금 왕)

 놀이 학습

◐ 다음은 개천절 노래 가사입니다. 밑줄 친 가사에 알맞은 한자(漢字)를 보기 에서 찾아 □ 안에 써 봅시다.

보기 木 根 檀 祖 國 水 君 天

개 천 절
　　□

⟨1절⟩

우리가 물이라면 새암이 있고
□

우리가 나무라면 뿌리가 있다
□　　□

이 나라 한아버님은 단군이시니
□　□　□ □

이 나라 한아버님은 단군이시니

 탐구 학습 (2)

◆ 그림을 보면서 한자(漢字)의 뜻과 음(音)을 알아봅시다.

臣		
뜻	신하	임금 앞에 머리를 숙이고 벌벌 기는 신하의 모습을 본뜬 글자로 '신하'의 뜻임.
읽기	신	

• 이 한자는 무슨 뜻인가요?

歷		
뜻	지낼	바위 밑에서 벼베기를 멈추고 놀며 지낸다 해서 '지내다'의 뜻임.
읽기	력	

• 이 한자는 무슨 뜻인가요?

史		
뜻	역사	한 곳에 치우치지 않고 가운데 입장에서 붓으로 올바르게 기록한다는 데서 '역사' 라는 뜻임.
읽기	사	

• 이 한자는 무슨 뜻인가요?

弘		
뜻	넓을	활 시위를 쟁기 모양이 되게 크게 벌린다 해서 '넓다'의 뜻임.
읽기	홍	

• 이 한자는 무슨 뜻인가요?

半		
뜻	조각, 절반	갈라선 부부가 집을 절반으로 나눈 모양으로 '반'의 뜻임.
읽기	반	

• 이 한자는 무슨 뜻인가요?

 읽기·쓰기 학습(2)

◆ 아래 한자(漢字)의 뜻과 음(音)을 소리내어 읽으면서 써 봅시다.

臣	신하 **신**	신하 신		
歷	지낼 **력**	지낼 력		
史	역사 **사**	역사 사		
弘	넓을 **홍**	넓을 홍		
半	조각, 절반 **반**	조각, 절반 **반**		

◆ 아래 한자(漢字)를 쓰는 순서에 맞게 써 봅시다.

臣	一 丅 丆 丏 臣 臣									
	臣									
歷	一 厂 厂 厂 厈 厤 厤 厤 歷 歷 歷 歷									
	歷									
史	丶 口 口 史 史									
	史									
弘	丶 コ 弓 弘 弘									
	弘									
半	丶 丷 匕 半 半									
	半									

 활용 학습 (2)

一 생활 속의 한자

1) 臣下는 임금님에게 忠誠해야 합니다.
2) 우리는 半萬年 歷史를 지닌 文化 民族입니다.
3) 檀君은 弘益人間의 이념으로 나라를 세웠습니다.
4) 우리는 운동장에 커다란 半圓을 그렸습니다.
5) 우리는 한 핏줄을 가진 單一民族입니다.

二 한자어 풀이

1) 臣下(신하) : 임금을 섬기어 벼슬하는 사람.
2) 半萬年(반만년) : 오천 년.
3) 弘益人間(홍익인간) : 인간을 널리 이롭게 한다.
4) 半圓(반원) : 원의 반.
5) 單一民族(단일민족) : 한 핏줄을 가진 민족.

三 한자 생각 늘리기

▶ 한자의 읽기

'歷'자는 본래 '력'으로 발음하지만, 낱말의 앞에 올 때는 '역'으로 읽습니다.

歷 ┬ 來歷(내력)
　 └ 歷史(역사)

▶ 한자의 쓰임

歷 → 歷史(역사), 歷史年代表(역사연대표)

半 → 半年(반년), 半萬年(반만년)

單 → 單一(단일), 單一民族(단일민족)

연습 문제

◐ 다음 한자(漢字)의 음(音)을 보기 에서 찾아 번호를 (   ) 안에 써 봅시다.

보기   ① 군   ② 족   ③ 손   ④ 단

1. 族 (　　)   2. 君 (　　)
3. 檀 (　　)   4. 孫 (　　)

◐ 다음 낱말과 한자(漢字)를 바르게 선으로 이어 봅시다.

5. 역사 •   • 歷史
6. 홍익 •   • 民族
7. 민족 •   • 弘益

◐ 다음 한자(漢字)의 바른 뜻을 골라 선으로 이어 봅시다.

8. 半 •   • 신하
9. 臣 •   • 절반
10. 王 •   • 임금

37

4. 조상의 빛난 얼

 기본 학습

◆ 우리 조상의 빛난 얼에 대해 생각하며 한자어를 읽어 봅시다.

傳記　日記　詩畫

精誠　遺産

새로 배우는 한자

傳(전) 전하다　　記(기) 기록하다　　詩(시) 시문
畫(화) 그림　　　精(정) 정신　　　遺(유) 잃다

◆ 다음 한자어를 소리내어 읽어 봅시다.

精神　　思想　　偉人

偉大　　香水　　香氣

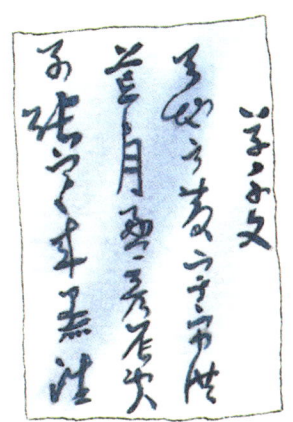

새로 배우는 한자

神 (신) 귀신　　思 (사) 생각하다　　想 (상) 생각하다
偉 (위) 훌륭하다　　香 (향) 향기

 탐구 학습(1)

◆ 그림을 보면서 한자(漢字)의 뜻과 음(音)을 알아봅시다.

傳	亻+專→傳 (사람)(오로지) 문화나 소식 같은 것은 오로지 사람만이 전할 수 있다는 뜻임.	• 이 한자는 무슨 뜻인가요?
뜻 전할 / 읽기 전		
記	言+己→記 (말) (몸) 말의 몸을 기록한다는 데서 '기록'의 뜻이 있음.	• 이 한자는 무슨 뜻인가요?
뜻 기록할 / 읽기 기		
詩	言+寺→詩 (말) (절) 절에서 말로 시를 읊는다는 데서 '시'의 뜻이 됨.	• 이 한자는 무슨 뜻인가요?
뜻 시문 / 읽기 시		
畵	聿(붓)+田(밭)+一(하나)→畵 붓으로 밭 하나를 그린 것이 '그림'이라는 뜻임.	• 이 한자는 무슨 뜻인가요?
뜻 그림 / 읽기 화		
精	米+青→精 (쌀) (푸르다) 쌀을 푸른색이 나도록 정신차려 문지른다는 데서 '정신'의 뜻임.	• 이 한자는 무슨 뜻인가요?
뜻 정신 / 읽기 정		

40

◇ 아래 한자(漢字)의 뜻과 음(音)을 소리내어 읽으면서 써 봅시다.

傳	전할 **전**	전할 **전**		
記	기록할 **기**	기록할 **기**		
詩	시문 **시**	시문 **시**		
畫	그림 **화**	그림 **화**		
精	정신 **정**	정신 **정**		

◇ 아래 한자(漢字)를 쓰는 순서에 맞게 써 봅시다.

傳	ノ 亻 亻 仟 仴 俥 伸 傳 傳 傳
記	、 二 言 言 言 言 記 記 記 記
詩	、 二 言 言 言 言 言 計 計 詩 詩 詩
畫	一 フ ヨ ヨ 申 圭 書 書 書 畫 畫 畫
精	、 ソ 丷 ヰ 耂 米 米 米 精 精 精 精 精

41

一 생활 속의 한자

1) 偉人傳記를 읽으면 偉人의 훌륭한 점을 배울 수 있습니다.
2) 나는 매일 日記를 씁니다.
3) 신사임당은 詩畫에 뛰어난 才能이 있었습니다.
4) 어머니께서는 내가 먹을 간식을 精誠을 다해 준비하셨습니다.
5) 문화재는 소중한 遺産이므로 잘 보존해야 합니다.

二 한자어 풀이

1) 傳記(전기) : 어떤 인물의 생애와 활동을 적은 기록.
2) 日記(일기) : 그 날 있었던 일을 적은 글.
3) 詩畫(시화) : 시와 그림.
4) 精誠(정성) : 참되어 거짓없는 마음.
5) 遺産(유산) : 죽은 사람이 남긴 재산.

三 한자 생각 늘리기

▶ 음이 같은 한자어
   傳記(전기), 前期(전기), 電氣(전기)
▶ 모양이 비슷한 한자
   晝(낮 주), 書(글 서), 畫(그림 화)
▶ 한자의 쓰임

   記 → 日記(일기), 記入(기입)

   遺 → 遺物(유물), 遺産(유산), 遺書(유서)

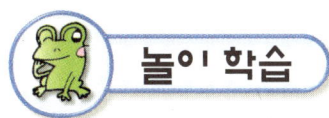 **놀이 학습**

○ 퍼즐 안에 알맞은 한자(漢字)를 보기 에서 찾아 그 번호를 아래 처럼 □에 번호를 써 넣어 봅시다.

보기

1. 半   13. 庭   25. 洋   37. 長
2. 地   14. 圓   26. 美   38. 家
3. 代   15. 人   27. 力   39. 文
4. 中   16. 心   28. 圖   40. 財
5. 運   17. 現   29. 育   41. 明
6. 表   18. 達   30. 先   42. 産
7. 下   19. 成   31. 勤   43. 偉
8. 道   20. 園   32. 教   44. 保
9. 場   21. 幼   33. 出   45. 傳
10. 東 22. 市   34. 勉   46. 記
11. 化 23. 天   35. 畫
12. 動 24. 功   36. 風

※ 국운(國運) : 나라의 운수

정답 ▶

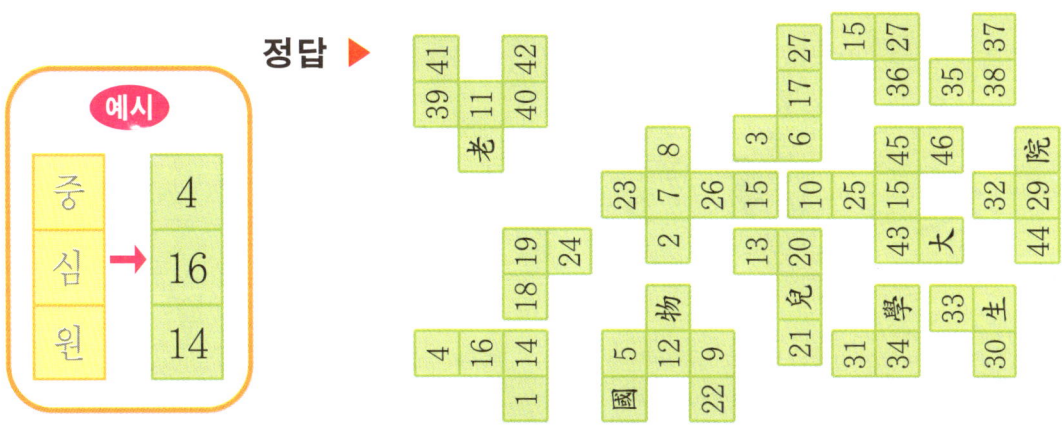

 탐구 학습 (2)

◆ 그림을 보면서 한자(漢字)의 뜻과 음(音)을 알아봅시다.

한자	설명	질문
神 뜻: 귀신 읽기: 신	→ 示 + 申 → 神 (제사상) (펴놓다) 제사상을 펴놓으니 귀신이 온다는 데서 '귀신'의 뜻임.	• 이 한자는 무슨 뜻인가요?
思 뜻: 생각할 읽기: 사	→ 田 + 心 → 思 (밭) (마음) 밭에 일 나간 임을 마음으로 생각한다는 데서 '생각하다', '그리워하다'의 뜻임.	• 이 한자는 무슨 뜻인가요?
想 뜻: 생각할 읽기: 상	→ 相 + 心 → 想 (서로) (마음) 서로 마음으로 생각한다는 데서 '생각하다'의 뜻임.	• 이 한자는 무슨 뜻인가요?
偉 뜻: 훌륭할 읽기: 위	→ 亻 + 韋 → 偉 (사람) (에워싸다) 여러 사람에게 둘러싸여 있는 사람이 훌륭한 위인이라는 뜻임.	• 이 한자는 무슨 뜻인가요?
香 뜻: 향기 읽기: 향	→ 禾 + 日 → 香 (벼) (입) 벼로 빚은 술을 입으로 맛보니 향기롭다 해서 '향기'의 뜻임.	• 이 한자는 무슨 뜻인가요?

읽기·쓰기 학습 (2)

◆ 아래 한자(漢字)의 뜻과 음(音)을 소리내어 읽으면서 써 봅시다.

神	귀신 **신**	귀신 신		
思	생각할 **사**	생각할 사		
想	생각할 **상**	생각할 상		
偉	훌륭할 **위**	훌륭할 위		
香	향기 **향**	향기 향		

◆ 아래 한자(漢字)를 쓰는 순서에 맞게 써 봅시다.

神	丶 亠 亣 亣 禾 禾 和 和 神 神
思	丨 口 日 日 田 田 甲 思 思 思
想	一 十 才 木 札 和 相 相 想 想 想
偉	丿 亻 亻 亻 伫 佇 偉 偉 偉
香	一 二 千 千 禾 禾 香 香 香

45

 **활용 학습 (2)**

① 생활 속의 한자

1) 공부할 때는 精神을 차려야 더 잘 됩니다.
2) 서양 사람들 중에는 동양 思想을 공부하려는 사람도 있습니다.
3) 이순신 장군은 우리 나라의 偉人입니다.
4) 우리 민족은 '한강의 기적'을 이룬 偉大한 민족입니다.
5) 어머니의 香水 냄새가 향긋합니다.

② 한자어 풀이

1) 精神(정신) : 마음이나 생각.
2) 思想(사상) : 어떤 일에 대한 생각.
3) 偉人(위인) : 위대한 사람.
4) 偉大(위대) : 뛰어나고 훌륭함.
5) 香水(향수) : 몸에 뿌리는 향내나는 액체.

③ 한자 생각 늘리기

▶ 한자어의 짜임(유사 관계)

思(생각할 사) + 想(생각할 상) ➡ 思想(사상)

▶ 모양이 비슷한 한자

┌ 思(생각할 사)
└ 恩(은혜 은)

▶ 한자의 쓰임

香 ➡ 香料(향료), 香水(향수)

 **연습 문제**

○ 다음 뜻을 가진 한자(漢字)를 보기에서 찾아 번호를 써 봅시다.

> 보기 ① 記   ② 傳   ③ 香   ④ 偉

1. 전하다 (   )   2. 기록하다 (   )
3. 향기 (   )   4. 훌륭하다 (   )

5. 다음 한자(漢字)에 알맞은 그림을 줄로 이어 봅시다.

   詩   音   畫

6. 뜻이 비슷한 한자(漢字)가 합쳐져 만들어진 한자어는 어느 것인가요? ·············· (   )

   ① 香氣   ② 精神   ③ 偉大   ④ 思想

7. 다음 한자어를 바르게 읽은 것은 어느 것인가요? ······ (   )

   精神   ① 위대   ③ 향기
           ② 정신   ④ 사상

○ 다음 한자(漢字)에 알맞은 뜻과 음(音)을 선으로 이어 봅시다.

8. 神 •   • 생각할 사
9. 思 •   • 귀신 신
10. 詩 •   • 시문 시

5. 법과 사회 생활

 기본 학습

◆ 명랑한 사회 질서를 생각하며 한자어를 읽어 봅시다.

社會   制度   法律

會社   社長

새로 배우는 한자

※ 社 (사) 모이다   會 (회) 모으다   ※ 制 (제) 마르다, 법

法 (법) 법   律 (률) 법

48

◆ 다음 한자어를 소리내어 읽어 봅시다.

約束   風俗   規定

法則   美風良俗

새로 배우는 한자

約 (약) 기약하다   ※束 (속) 묶다   俗 (속) 풍속
※規 (규) 법   則 (칙) 법칙   罪 (죄) 죄

 탐구 학습 (1)

◆ 그림을 보면서 한자(漢字)의 뜻과 음(音)을 알아봅시다.

社 뜻 모일 / 읽기 사	示 + 土 → 社 (보이다) (흙) 示(보일 시)와 土(흙 토)가 합쳐져 된 글자로 '모이다'의 뜻이 있음.	• 이 한자는 무슨 뜻인가요?
會 뜻 모을 / 읽기 회	→ 亼 + 曰 → 會 (집창문 모양) (말) 집 창문 밑에서 입을 모아 회의를 하는 모양으로 '모으다'의 뜻임.	• 이 한자는 무슨 뜻인가요?
制 뜻 마를, 법 / 읽기 제	→ 朱 + 刂 → 制 (쇠코뚜레 모양) (칼) 朱(소코뚜레라는 뜻)와 刂(칼이라는 뜻)을 합해 만든 글자로 '마르다', '법'의 뜻이 있음.	• 이 한자는 무슨 뜻인가요?
法 뜻 법 / 읽기 법	→ 氵 + 去 → 法 (물) (물러가다) 물이 흘러가듯이 평평(평등)한 것이 '법'이라는 뜻임.	• 이 한자는 무슨 뜻인가요?
律 뜻 법 / 읽기 률	→ 彳 + 聿 → 律 (인간들) (붓) 인간이 걸어갈 바를 붓으로 써 놓은 것이 '법'이라는 뜻임.	• 이 한자는 무슨 뜻인가요?

 읽기·쓰기 학습(1)

◆ 아래 한자(漢字)의 뜻과 음(音)을 소리내어 읽으면서 써 봅시다.

社	모일 **사**	모일 사		
會	모을 **회**	모을 회		
制	마를,법 **제**	마를,법 제		
法	법 **법**	법 법		
律	법 **률**	법 률		

◆ 아래 한자(漢字)를 쓰는 순서에 맞게 써 봅시다.

社	` 一 ナ 亣 礻 礻 社 社` 社
會	`丿 人 스 今 今 佘 佘 會 會 會` 會
制	`丿 ᅳ 二 두 두 制 制 制` 制
法	`丶 丶 氵 汁 法 法 法` 法
律	`丿 ᄀ 彳 彳 伊 伊 律 律` 律

51

 **활용 학습(1)**

一 생활 속의 한자

1) 인간은 社會 生活을 하면서 살아갑니다.
2) 우리 나라도 社會 복지 制度가 점차 나아지고 있습니다.
3) 나는 法律 공부를 해서 장차 변호사가 되고 싶습니다.
4) 삼촌 會社 社長님은 인정이 많으시다고 합니다.

二 한자어 풀이

1) 社會(사회) : 사람들이 도와가면서 살아가는 단체.
2) 制度(제도) : 나라에서 만든 법도.
3) 法律(법률) : 나라에서 정하여 국민이 지키도록 하는 규율.
4) 會社(회사) : 영리를 목적으로 두 사람 이상 모여 만든 사단 법인.
5) 社長(사장) : 회사의 책임자.

三 한자 생각 늘리기

▶ 한자 자전(字典)에서 찾아보기

法 → 부수 색인 : 氵(水)에서 찾음.
총획 : 氵(水) 부수를 뺀 5획 (去)에서 찾음.

▶ 한자의 쓰임

社 → 社交(사교), 社長(사장), 社内(사내)

 **놀이 학습** 이야기로 배우는 한자(漢字)

◐ 한자 이야기를 읽고 무슨 뜻인지 생각해 봅시다. 그리고 □ 안에 들어갈 한자(漢字)를 선생님께 여쭈어 봅시다.

묶을 속

수도승이 선사(선배 승려)에게 찾아가 이렇게 말했습니다.
"선사님. 해탈(人間이 世上에서 벗어나는 일)의 경지로 이끌어 주십시오."
선사가 말했습니다.
"누가 자네를 묶어 놓았는가?"
수도승이 對答을 했습니다.
"아무도 저를 묶어 놓지는 않았습니다."
다시 선사는 質問을 했습니다.
"그렇다면 무엇하러 해탈을 하려고 하는가?"

'人間은 人間 스스로 묶는다' 는 뜻임.

 탐구 학습 (2)

◆ 그림을 보면서 한자(漢字)의 뜻과 음(音)을 알아봅시다.

約	→ 糸 + 勺 → 約 (실) (움켜잡다) 청실홍실을 움켜 잡고 결혼을 기약한다는 데서 '약속'의 뜻이 됨.	• 이 한자는 무슨 뜻인가요?
뜻: 기약할 읽기: 약		
束	→ ※ → 束 나무를 묶어 놓은 모양으로 '묶다'의 뜻임.	• 이 한자는 무슨 뜻인가요?
뜻: 묶을 읽기: 속		
俗	→ 亻 + 谷 → 俗 (사람) (골짜기) 사람이 골짜기에 모여 살면서 생긴 것이 '풍속'이라는 뜻임.	• 이 한자는 무슨 뜻인가요?
뜻: 풍속 읽기: 속		
規	→ 夫 + 見 → 規 (지아비) (보다) 여자가 지아비를 볼(맞이할) 때는 법도를 따른다는 뜻임.	• 이 한자는 무슨 뜻인가요?
뜻: 법 읽기: 규		
則	→ 貝 + 刂 → 則 (돈) (칼) 돈을 칼로 베듯 법칙대로 나눈다는 뜻임.	• 이 한자는 무슨 뜻인가요?
뜻: 법칙 읽기: 칙		

읽기·쓰기 학습(2)

◆ 아래 한자(漢字)의 뜻과 음(音)을 소리내어 읽으면서 써 봅시다.

約束俗規則	기약할 약	기약할 약		
	묶을 속	묶을 속		
	풍속 속	풍속 속		
	법 규	법 규		
	법칙 칙	법칙 칙		

◆ 아래 한자(漢字)를 쓰는 순서에 맞게 써 봅시다.

約	ˊ ㄑ ㄠ ㄠ ㄠ ㄠ ㄠ 約 約
束	一 ㄇ ㄅ 中 束 束
俗	ノ 亻 亻 亻 亻 俗 俗 俗
規	一 二 ㅌ 夫 却 却 却 却 規 規
則	丨 冂 月 目 貝 貝 則 則

55

 활용 학습(2)

一 생활 속의 한자
1) 친구와의 約束은 반드시 지켜야 합니다.
2) 우리 나라는 옛부터 웃어른을 공경하는 風俗이 전해 내려 왔습니다.
3) 나는 달리기 대회 規定대로 정식코스를 달렸습니다.
4) 뉴턴이 만유인력의 法則을 발견하였습니다.
5) 노인을 공경하는 예절은 우리나라의 美風良俗입니다.

二 한자어 풀이
1) 約束(약속) : 서로 언약하여 정함.
2) 風俗(풍속) : 옛날부터 사회에 전해 오는 습관.
3) 規定(규정) : 규칙으로 정한 내용.
4) 法則(법칙) : 반드시 지켜야 할 법, 또는 사물 간에 성립되는 관계.
5) 美風良俗(미풍양속) : 아름다운 풍속.

三 한자 생각 늘리기
▶ 부수 공부하기
木(나무 목) 부수에서 찾아야 할 한자
예 木, 未, 末, 松, 束, 東, 林, 果, 査, 根, 校
▶ 한자의 쓰임
俗 → 民俗(민속), 風俗(풍속), 世俗(세속)
罪 → 罪人(죄인)
▶ 한자어의 짜임
規(법 규) + 則(법칙 칙) → 規則(규칙)

 연습 문제

● 다음 한자어 중 뜻이 유사한 한자(漢字)끼리 합쳐져 한자어를 이룬 것의 (　) 안에 ○표를 해 봅시다.

1. ① 社會(　　)　　② 制度(　　)

    ③ 民俗(　　)　　④ 言約(　　)

2. ① 社長(　　)　　② 制定(　　)

    ③ 規則(　　)　　④ 風俗(　　)

● 다음 한자(漢字)의 뜻과 음(音)을 써 봅시다.

3. 約 (　　　)　　4. 會 (　　　)

5. 制 (　　　)　　6. 則 (　　　)

● 다음 한자어를 읽어 봅시다.

7. 約束　○○

8. 規則　○○

● 다음 뜻과 음(音)을 가진 한자(漢字)를 선으로 이어 봅시다.

9. 모을 회　•　　　　　　• 會

10. 마를 제　•　　　　　　• 制

57

6. 민주주의 국가

 기본 학습

◆ 민주주의 국가에 대해 생각하며 한자어를 읽어 봅시다.

政治　　武力　　直接

公開　民主政治　行政

새로 배우는 한자

政 (정) 다스리다　　治 (치) 다스리다　　武 (무) 군사
接 (접) 접하다　　開 (개) 열다

◆ 다음 한자어를 소리내어 읽어 봅시다.

問責   必要   新聞

新年   必勝   人員

새로배우는한자

責 (책) 꾸짖다   必 (필) 반드시   新 (신) 새롭다
聞 (문) 듣다   ※ 員 (원) 인원

 탐구 학습(1)

◆ 그림을 보면서 한자(漢字)의 뜻과 음(音)을 알아봅시다.

政	→ 正 + 攵 → 政 (바르다) (치다)	• 이 한자는 무슨 뜻인가요?
뜻: 다스릴 / 읽기: 정	바르게 해서 정사를 잘 다스린다는 뜻임.	
治	→ 氵 + 台 → 治 (물) (기쁘다)	• 이 한자는 무슨 뜻인가요?
뜻: 다스릴 / 읽기: 치	물을 기쁘게 쓰려고 잘 다스린다는 뜻임.	
武	→ 武 → 武	• 이 한자는 무슨 뜻인가요?
뜻: 군사 / 읽기: 무	바르게 주살을 들고 있는 자가 군사라는 뜻임.	
接	→ 扌 + 妾 → 接 (손) (첩)	• 이 한자는 무슨 뜻인가요?
뜻: 접할 / 읽기: 접	손으로 첩을 안아 자기 몸에 접한다는 뜻임.	
開	→ 門 + 廾 → 開 (문) (빗장모양)	• 이 한자는 무슨 뜻인가요?
뜻: 열 / 읽기: 개	문에 가로지른 빗장을 들고 문을 연다는 데서 '열다'의 뜻임.	

 읽기·쓰기 학습(1)

◆ 아래 한자(漢字)의 뜻과 음(音)을 소리내어 읽으면서 써 봅시다.

政治武接開	다스릴 **정**	다스릴 정		
	다스릴 **치**	다스릴 치		
	군사 **무**	군사 무		
	접할 **접**	접할 접		
	열 **개**	열 개		

◆ 아래 한자(漢字)를 쓰는 순서에 맞게 써 봅시다.

政	一 丁 下 正 正 政 政 政
	政
治	丶 氵 氵 沪 治 治 治
	治
武	一 二 干 千 正 正 武 武
	武
接	一 十 扌 扌 扩 护 护 按 接 接
	接
開	丨 冂 冂 冂 冃 門 門 門 問 開 開
	開

61

 **활용 학습(1)**

一 생활 속의 한자

1) 국민은 투표를 통해 政治에 참여할 수 있습니다.
2) 남북 통일은 武力이 아닌 평화적인 방법이어야 합니다.
3) 회장은 우리가 直接 선출했습니다.
4) 투표 결과가 즉시 公開되었습니다.
5) 우리 나라는 민주주의 국가로 民主政治를 하고 있습니다.
6) 行政은 국민을 위한 봉사 행정이 되어야 합니다.

二 한자어 풀이

1) 政治(정치) : 나라의 주권자가 영토와 국민을 다스리는 일.
2) 武力(무력) : 무기의 힘.
3) 直接(직접) : 중간에 물건이나 소개 없이 바로 접촉함.
4) 公開(공개) : 어떤 내용이나 물건을 널리 보이게 개방함.
5) 民主政治(민주정치) : 민주주의 방식에 의한 정치.
6) 行政(행정) : 법에 따라 행함.

三 한자 생각 늘리기

▶ 모양이 비슷한 한자

　開(열 개)　　　問(물을 문)
　聞(들을 문)　　門(문 문)

▶ 한자의 쓰임

　公 → 公開(공개), 公開行政(공개 행정)

 **놀이 학습** 퍼즐놀이

○ 퍼즐놀이를 하여 봅시다. 낱말을 한자로 써 봅시다.

〈세로 열쇠〉
2. 애정
4. 행정
6. 강대국(힘이 센 나라)
7. 부귀(부유하고 귀한 것)
10. 민심(백성들의 마음)
12. 행동

〈가로 열쇠〉
1. 친애 3. 선행 5. 정치 8. 귀천(귀하고 천한 것)
9. 국민 11. 선행(착한 일) 12. 심정(마음)

정답 ▶

 탐구 학습 (2)

◆ 그림을 보면서 한자(漢字)의 뜻과 음(音)을 알아봅시다.

責	→ 主 + 貝 → 責 (풀) (돈) 풀같이 돈을 허비했다고 책임을 물어 꾸짖는다는 뜻임.	• 이 한자는 무슨 뜻인가요?
뜻 꾸짖을 읽기 책		
必	→ → 必 → 必 가슴은 천으로 반드시 가려야 한다는 뜻임.	• 이 한자는 무슨 뜻인가요?
뜻 반드시 읽기 필		
新	(서다) → 立 + 斤 → 新 (나무) 木 (도끼) 서서 도끼로 나무를 자르니 새순이 나온다는 데서 '새것'의 뜻임.	• 이 한자는 무슨 뜻인가요?
뜻 새 읽기 신		
聞	→ 門 + 耳 → 聞 (문) (귀) 문에 귀를 대고 듣는다는 데서 '듣다'의 뜻임.	• 이 한자는 무슨 뜻인가요?
뜻 들을 읽기 문		
員	→ 口 + 貝 → 員 (입) (돈) 입으로 돈을 세어 많은 인원에게 나누어 준다는 데서 '인원'의 뜻임.	• 이 한자는 무슨 뜻인가요?
뜻 인원 읽기 원		

◆ 아래 한자(漢字)의 뜻과 음(音)을 소리내어 읽으면서 써 봅시다.

責	꾸짖을 **책**	꾸짖을 책		
必	반드시 **필**	반드시 필		
新	새 **신**	새 신		
聞	들을 **문**	들을 문		
員	인원 **원**	인원 원		

◆ 아래 한자(漢字)를 쓰는 순서에 맞게 써 봅시다.

責	一 十 ± 主 丰 青 青 青 責 責 責
必	` ソ 必 必 必 必
新	` ㆍ 亠 ㅗ 뉸 立 辛 亲 亲 新 新 新 新
聞	I 丨 冂 冃 門 門 門 門 門 門 聞 聞 聞 聞
員	` 冂 冂 尸 吕 目 昌 員 員 員

활용 학습 (2)

一 생활 속의 한자

1) 공무원은 책임을 다하지 않으면 問責이 따릅니다.
2) 농사를 지으려면 반드시 물이 必要합니다.
3) 학교에서는 新聞을 활용해서 공부를 합니다.
4) 아버지께서는 新年에는 반드시 금연을 하겠다고 하셨습니다.
5) 학교간 대회에서 우리 축구 선수단은 必勝을 다짐했습니다.
6) 선생님께서 현장 학습을 떠나기 전에 人員을 파악하셨습니다.

二 한자어 풀이

1) 問責(문책) : 책임을 물음.
2) 必要(필요) : 꼭 소용이 됨.
3) 新聞(신문) : 새로운 소식을 빨리 전하는 정기 간행물의 하나.
4) 新年(신년) : 새 해.
5) 必勝(필승) : 반드시 이김.
6) 人員(인원) : 단체를 이룬 여러 사람.

三 한자 생각 늘리기

▶ 한자의 쓰임

員 → 人員(인원), 定員(정원), 通信員(통신원)

新 → 新曲(신곡), 新規(신규), 新年(신년)

 연습 문제

◐ 다음 한자(漢字)의 뜻을 보기 에서 찾아 그 번호를 ( ) 안에 써 봅시다.

보기   ① 곧다   ② 열다   ③ 꾸짖다   ④ 듣다

1. 責 (   )   2. 直 (   )
3. 聞 (   )   4. 開 (   )

5. 다음 '直'자와 어울려 한자어가 될 수 없는 것은 어느 것인가요? ·········· (   )

① 正   ② 當   ③ 接   ④ 員

6. 다음 한자어 중 그 뜻이 '간접'과 상대되는 한자어는 어느 것인가요? ·········· (   )

① 政治   ② 新聞   ③ 責任   ④ 直接

7. 다음 중 '政治'를 바르게 읽은 것은 어느 것인가요? (   )
① 정치   ② 행정   ③ 정직   ④ 책임

◐ 다음 낱말을 바르게 적은 한자어와 선으로 이어 봅시다.

8. 필요 •   • 公明

9. 정원 •   • 定員

10. 공명 •   • 必要

7. 자랑스런 우리 나라

 기본 학습

◆ 자랑스런 우리 나라를 생각하며 한자어를 읽어 봅시다.

大韓民國　國土　太極旗

無窮花　國語　國花

― 새로 배우는 한 자 ―

韓 (한) 나라　　太 (태) 크다　　極 (극) 다하다

※ 旗 (기) 깃발　　※ 窮 (궁) 다하다　　漢 (한) 한나라

◆ 다음 한자어를 소리내어 읽어 봅시다.

韓半島　　空軍　　陸軍

海軍　　軍人　　兵士

興亡

<u>새로 배우는 한자</u>

島 (도) 섬　　　空 (공) 비다　　　軍 (군) 군사
兵 (병) 병사　　亡 (망) 망하다

 탐구 학습(1)

◆ 그림을 보면서 한자(漢字)의 뜻과 음(音)을 알아봅시다.

韓	倝+韋 → 韓 (해돋는)(에워싸다) 삼면이 바다로 에워싸인 반도이자 해돋는 땅 한국이라는 뜻임.	• 이 한자는 무슨 뜻인가요?
뜻: 나라 읽기: 한		
太	大 → 夳 → 太 크다는 뜻의 大(대)에 한 점(ㆍ)을 더하여 매우 큼을 나타낸 것으로 '크다'의 뜻임.	• 이 한자는 무슨 뜻인가요?
뜻: 클 읽기: 태		
極	木+亟 → 極 (나무)(입, 드릴, 집게 모양) 나무가 물리고 찢겨 수명이 다하여 간다는 뜻임.	• 이 한자는 무슨 뜻인가요?
뜻: 다할 읽기: 극		
旗	→ → +其→ 旗 쟁기에 꽂혀 펄럭이는 것이 '기(깃발)'라는 뜻임.	• 이 한자는 무슨 뜻인가요?
뜻: 깃발 읽기: 기		
窮	穴(굴)+身(몸)+弓(화살) → 窮 굴 속에서 화살처럼 구부리고 사니 궁하다는 뜻임.	• 이 한자는 무슨 뜻인가요?
뜻: 다할 읽기: 궁		

 읽기·쓰기 학습(1)

◇ 아래 한자(漢字)의 뜻과 음(音)을 소리내어 읽으면서 써 봅시다.

韓	나라 한	나라 한		
太	클 태	클 태		
極	다할 극	다할 극		
旗	깃발 기	깃발 기		
窮	다할 궁	다할 궁		

◇ 아래 한자(漢字)를 쓰는 순서에 맞게 써 봅시다.

韓	一 十 古 直 卓 斡 韓 韓 韓 韓									
	韓									
太	一 ナ 大 太									
	太									
極	一 十 才 木 木 朽 柯 極 極									
	極									
旗	丶 一 亍 方 方 扩 扩 旃 旌 旗 旗									
	旗									
窮	丶 宀 穴 穴 穴 穹 穹 窮 窮 窮									
	窮									

 활용 학습⑴

◯一 생활 속의 한자

1) 우리는 大韓民國 國民입니다.
2) 한반도는 우리 나라 國土입니다.
3) 자랑스런 太極旗를 국경일마다 달도록 합시다.
4) 無窮花를 三千里 방방곡곡에 심고 가꿉시다.
5) 國土, 國語, 國花를 사랑합시다.

◯二 한자어 풀이

1) 國土(국토) : 나라 땅.
2) 太極旗(태극기) : 우리 나라 국기.
3) 無窮花(무궁화) : 우리 나라 꽃.
4) 國語(국어) : 우리 나라 말.
5) 國花(국화) : 나라꽃.

◯三 한자 생각 늘리기

▶ 모양이 비슷한 한자

　┌大(큰 대)　　┌鳥(새 조)
　└太(클 태)　　└島(섬 도)

▶ 한자의 쓰임

　無 → 無名(무명), 無色(무색), 前無後無(전무후무)

▶ '漢'자에 대해 알아 보기

　漢 → '한나라 한' 字로 漢方, 漢藥 등에 쓰이며 韓(나라, 한국 한)과는 다릅니다.

 놀이 학습　그림으로 배우는 한자(漢字)

◐ 다음 그림을 보고 알맞은 곳으로 선을 이어 봅시다. 그리고 한자어를 읽어 봅시다.

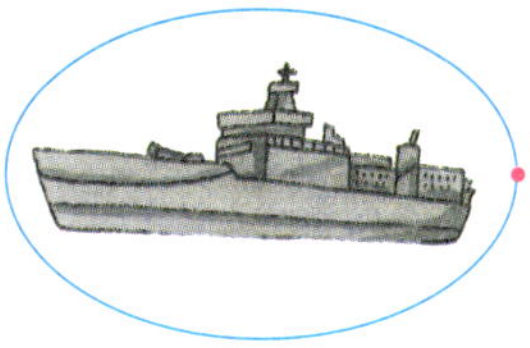

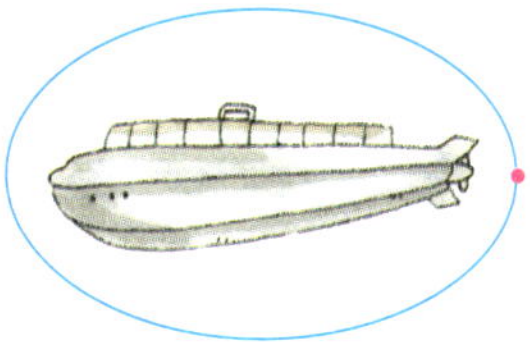

空軍

陸軍

海軍

◆ 그림을 보면서 한자(漢字)의 뜻과 음(音)을 알아봅시다.

한자	설명	질문
島 뜻: 섬 읽기: 도	새가 바다 가운데의 산에 앉은 곳이 섬이라는 뜻임.	• 이 한자는 무슨 뜻인가요?
空 뜻: 빌 읽기: 공	구멍이란 뜻의 '穴'자와 만든다는 뜻의 '工'자를 합쳐서 만든 글자로 '비다'의 뜻	• 이 한자는 무슨 뜻인가요?
軍 뜻: 군사 읽기: 군	위장막을 덮고 전차포를 쏘는 게 군사라는 뜻임.	• 이 한자는 무슨 뜻인가요?
兵 뜻: 병사 읽기: 병	斤(도끼) + 六(들고 있는 모습) 도끼를 들고 있는 자가 병사라는 뜻임.	• 이 한자는 무슨 뜻인가요?
亡 뜻: 망할 읽기: 망	칼을 쓰고 옥에 갇히니 모든 걸 다 잃어 버리고 망한다는 뜻임.	• 이 한자는 무슨 뜻인가요?

읽기·쓰기 학습 (2)

◆ 아래 한자(漢字)의 뜻과 음(音)을 소리내어 읽으면서 써 봅시다.

島	섬 **도**	섬 도		
空	빌 **공**	빌 공		
軍	군사 **군**	군사 군		
兵	병사 **병**	병사 병		
亡	망할 **망**	망할 망		

◆ 아래 한자(漢字)를 쓰는 순서에 맞게 써 봅시다.

島	｢ ｢ ｢ 白 自 鳥 鳥 島 島 島
空	｀ ｀ ｀ 宀 宁 宍 空 空 空
軍	｀ ｀ 冖 冝 冒 宣 軍 軍
兵	｢ 厂 斤 丘 兵 兵 兵
亡	｀ 亠 亡 亡

75

활용 학습 (2)

一. 생활 속의 한자

1) 우리 나라에서 제일 큰 섬은 제주도(島)입니다.
2) 우리는 韓半島의 平和를 위해 국력을 키워야 합니다.
3) 陸軍은 陸地를, 海軍은 바다를, 空軍은 하늘을 지킵니다.
4) 우리는 陸軍兵士들에게 위문 便紙와 위문품을 보냈습니다.
5) 軍人은 상관의 지시에 따라야 합니다.

二. 한자어 풀이

1) 韓半島(한반도) : 한국의 국토를 이루는 반도.
2) 陸軍(육군) : 땅을 지키는 군인.
3) 海軍(해군) : 바다를 지키는 군인.
4) 兵士(병사) : 군사, 군인.
5) 軍人(군인) : 군에 속한 장교나 사병을 말함.

三. 한자 생각 늘리기

▶ 한자의 쓰임

國 → 國語(국어), 國土(국토), 國民(국민)

▶ 한자어의 짜임(대립 관계)

興(흥하다) + 亡(망하다) → 興亡(흥망)

▶ 한자 잇기

軍 → 軍人 → 人生 → 生活 → 活動

◉ 다음 한자(漢字)의 뜻과 음(音)을 써 봅시다.

1. 韓 (   )   2. 極 (   )

3. 旗 (   )   4. 太 (   )

◉ 다음 한자어를 바르게 읽은 것을 찾아 선으로 이어 봅시다.

5. 兵士 •   • 지시

6. 軍人 •   • 군인

7. 指示 •   • 흥망

8. 興亡 •   • 병사

◉ 다음 뜻과 음(音)을 나타내는 한자(漢字)를 골라 (   ) 안에 번호를 써 봅시다.

9. 클 태 ·················· (   )
　　① 大　　② 犬　　③ 太　　④ 天

10. 군사 군 ·················· (   )
　　① 軍　　② 東　　③ 運　　④ 武

77

8. 통일 조국을 위해

 기본 학습

◆ 통일 조국을 바라보며 한자어를 읽어 봅시다.

統一　　　念願

意圖　　　　交流

―새로 배우는 한자―

統 (통) 거느리다　　念 (념) 생각　　願 (원) 바라다

圖 (도) 그림, 꾀하다　　流 (류) 흐르다

◆ 다음 한자어를 소리내어 읽어 봅시다.

敵軍　　殺生　　打殺

對應　　　對備

有備無患

새로 배우는 한자

敵 (적) 원수, 대적하다　　殺 (살) 죽이다　　應 (응) 응하다
備 (비) 갖추다　　患 (환) 근심　　戰 (전) 싸우다

 탐구 학습 (1)

◆ 그림을 보면서 한자(漢字)의 뜻과 음(音)을 알아봅시다.

統	→ 糸 + 充 → 統	• 이 한자는 무슨 뜻인가요?
뜻 거느릴 / 읽기 통	(실) (가득함) 누에(실)가 가득한 집(고치)를 만들려고 실을 거느린다는 뜻임.	
念	→ 今 + 心 → 念	• 이 한자는 무슨 뜻인가요?
뜻 생각 / 읽기 념	(이제) (마음) 이제 막 마음으로 생각한다는 데서 '생각'의 뜻이 됨.	
願	→ 原 + 頁 → 願	• 이 한자는 무슨 뜻인가요?
뜻 바랄 / 읽기 원	(근원) (머리) 생각의 근원이 되는 머리로 잘 되기를 바란다는 데서 '바라다'의 뜻임.	
圖	→ 囗 + 啚 → 圖	• 이 한자는 무슨 뜻인가요?
뜻 그림, 꾀할 / 읽기 도	(에워싸다) (입)(광) 에워싼 대중에게 입으로 광의 설계도를 설명한다는 데서 '그림'의 뜻임.	
流	→ 氵 + 㐬 → 流	• 이 한자는 무슨 뜻인가요?
뜻 흐를 / 읽기 류	(물) (흘러내리다) 물이 흘러흘러 쉬지 않고 흐른다는 뜻임.	

 읽기·쓰기 학습(1)

◆ 아래 한자(漢字)의 뜻과 음(音)을 소리내어 읽으면서 써 봅시다.

統	거느릴 **통**	거느릴 통		
念	생각 **념**	생각 념		
願	바랄 **원**	바랄 원		
圖	그림, 꾀할 **도**	그림, 꾀할 도		
流	흐를 **류**	흐를 류		

◆ 아래 한자(漢字)를 쓰는 순서에 맞게 써 봅시다.

統	⟨필순⟩ 統				
念	⟨필순⟩ 念				
願	⟨필순⟩ 願				
圖	⟨필순⟩ 圖				
流	⟨필순⟩ 流				

一 생활 속의 한자

1) 우리 民族의 念願은 南北統一입니다.
2) 나는 수경이를 넘어뜨릴 意圖는 전혀 없었습니다.
3) 南北이 서로 平和를 위해 물자를 交流하고 회담을 해야 합니다.

二 한자어 풀이

1) 念願(염원) : 어떤 일이 이루어지기를 바라는 마음.
2) 統一(통일) : 하나로 합쳐짐.
3) 意圖(의도) : 생각이나 계획을 드러나지 않게 계획함.
4) 交流(교류) : 서로 주고받거나 오고감.

三 한자 생각 늘리기

▶ 한자읽기

'念'(념)은 낱말 앞에 올 때는 '염'으로 읽습니다.
念願(염원), 一念(일념)

▶ 한자의 부수

한자의 뼈대를 이루고 있는 글자를 '부수'라 합니다.
예 必, 志, 念, 思, 恩의 부수는 心입니다.

 놀이 학습 　사자성어

○ 다음 이야기를 읽고 자신의 생활을 돌아봅시다. 그리고 □ 안에 들어갈 한자(漢字)를 선생님께 여쭈어 봅시다.

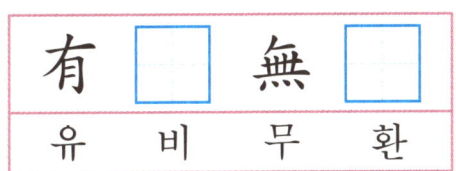
有 □ 無 □
유 비 무 환

뜻 : 미리 준비해 두면 근심될 것이 없음

　더운 여름날 개미가 땀을 뻘뻘 흘리면서 일하고 있을 때, 베짱이는 시원한 나무 그늘에서 노래만 부르고 있었습니다.
　겨울이 되자 흰 눈이 펑펑 쏟아지고 날씨가 추워졌습니다.
　개미는 따뜻한 방에서 걱정 없이 겨울을 지낼 수 있었습니다. 베짱이는 개미네 집으로 갔습니다.
　"개미야, 뭐 먹을 것 없니?"
　"베짱아, 너 진짜 배짱도 좋구나. 존댓말을 써도 줄까 말까 한데…… 반말이야!"
　"그래. 개미님, 뭐 잡수실 것 좀 없니?"
　"아직도 정신 못 차렸구나. 누구한테 존댓말 쓰는 거니? 그래서 이런 설움 안 받으려면 이 말 좀 명심해라. 네 글자로 된 성어야. 알아맞혀 봐."
　"응, 알았다. '밥 좀 줘요!' 맞지?"
　"한심한 베짱이야, 저 위에 쓴 제목을 보라고."

◆ 그림을 보면서 한자(漢字)의 뜻과 음(音)을 알아봅시다.

한자	설명	질문
敵 뜻: 원수, 대적할 읽기: 적	→ 啇 + 攵 → 敵 (뿌리) (두들기다) 조상의 뿌리를 들추어 가며 두들기는 자가 원수, 적이라는 뜻임.	• 이 한자는 무슨 뜻인가요?
殺 뜻: 죽일 읽기: 살	→ 杀 + 殳 → 殺 (나무를 절단) (두들기다) 절단기나 나무로 두들겨 쳐서 '죽인다'는 뜻임.	• 이 한자는 무슨 뜻인가요?
應 뜻: 응할 읽기: 응	(집)(새) → 广 + 倠 → 應 (집) (마음) 집에서 키운 새가 주인의 마음에 응한다는 뜻임.	• 이 한자는 무슨 뜻인가요?
備 뜻: 갖출 읽기: 비	(풀·바위) → 亻 + 𤰇 → 備 (사람) (쓰다) 사람이 풀과 바위도 쓸 데가 있다고 갖추어 둔다는 데서 '갖추다'의 뜻임.	• 이 한자는 무슨 뜻인가요?
患 뜻: 근심 읽기: 환	→ 串 + 心 → 患 (꿰다) (마음) 두 사람에게 연정을 꿰고 있으니 마음에 근심이 생긴다는 뜻임.	• 이 한자는 무슨 뜻인가요?

 읽기·쓰기 학습 (2)

◆ 아래 한자(漢字)의 뜻과 음(音)을 소리내어 읽으면서 써 봅시다.

敵	원수, 대적할 **적**	원수, 대적할 적	
殺	죽일 **살**	죽일 살	
應	응할 **응**	응할 응	
備	갖출 **비**	갖출 비	
患	근심 **환**	근심 환	

◆ 아래 한자(漢字)를 쓰는 순서에 맞게 써 봅시다.

敵	丶 亠 亠 ナ 咅 咅 商 商 敵 敵 敵
	敵
殺	ノ 乂 产 产 杀 杀 殺 殺 殺
	殺
應	广 广 庐 庐 庐 雁 雁 雁 應 應
	應
備	ノ 亻 亻 俨 伃 伂 倩 備
	備
患	口 吕 串 串 患 患 患
	患

85

 활용 학습(2)

一 생활 속의 한자

1) 만일 敵軍이 쳐들어오면 對應해서 싸워야 합니다.
2) 불교의 가르침에는 '殺生을 가려서 하라.'는 말이 있습니다.
3) 동물을 打殺하는 것은 나쁩니다.
4) 소방서 建物에는 有備無患이라고 씌어 있습니다.

二 한자어 풀이

1) 敵軍(적군) : 싸우는 상대편 군인.
2) 對應(대응) : 마주 대어 응함.
3) 殺生(살생) : 죽이고 살림.
4) 打殺(타살) : 때려서 죽이는 것.
5) 有備無患(유비무환) : 미리 준비하면 걱정이 없음.

三 한자 생각 늘리기

▶ 한자어 짜임(대립 관계)

殺(죽다) + 生(살다) ➡ 殺生(죽고 살다)

▶ 한자의 쓰임

戰 ➡ 戰爭(전쟁), 戰時(전시)

새로 배우는 한자

爭 (쟁) 다투다

 연습 문제

◐ 다음 뜻과 음(音)을 가진 한자(漢字)를 보기에서 찾아 번호를 써 봅시다.

보기 ① 圖   ② 流   ③ 應   ④ 患

1. 그림 도 (   )   2. 응할 응 (   )
3. 근심 환 (   )   4. 흐를 류 (   )

◐ 다음 한자어를 읽어 봅시다.

5. 統一 ○○   6. 念願 ○○

7. 對備 ○○

8. 다음 한자(漢字) 중 '殺'과 뜻이 맞서는 한자(漢字)는 어느 것인가요? ( ) 안에 ○표를 하여 봅시다.

① 生( )   ② 患( )   ③ 應( )   ④ 敵( )

9. 다음 한자(漢字) 중 '서로 주고 받는다'는 뜻의 한자어는 어느 것인가요? ( ) 안에 ○표를 하여 봅시다.

① 殺生( )   ③ 交流( )
② 統一( )   ④ 意圖( )

10. 다음 낱말을 한자(漢字)로 써 봅시다.

적군

9. 재미있는 한자어

 기본 학습

◆ 되풀이 되는 한자어의 뜻을 생각하며 한자어를 읽어 봅시다.

事事件件　句句節節
家家戶戶　明明白白
形形色色

새로 배우는 한자

※ 件 (건) 사건　　句 (구) 글귀절　　節 (절) 마디
　 戶 (호) 집　　　仙 (선) 신선　　　絕 (절) 끊다

◆ 다음 한자(漢字)를 소리내어 읽어 봅시다.

虛虛實實　落落長松
意氣揚揚　是是非非
自信滿滿

새로 배우는 한자

虛 (허) 비다　　落 (락) 떨어지다　　揚 (양) 날리다
非 (비) 아니다　　歌 (가) 노래　　是 (시) 옳다

 탐구 학습(1)

◆ 그림을 보면서 한자(漢字)의 뜻과 음(音)을 알아봅시다.

件	→ 亻+牛 → 件 (사람) (소) 사람이 소한테 받혀 죽었으니 '사건'이란 뜻임.	• 이 한자는 무슨 뜻인가요?
뜻 사건 읽기 건		
句	→ 句 → 句 닭이 모이통 앞에서 머리를 숙이고 있는 모양으로 '굽다', '글귀절'의 뜻임.	• 이 한자는 무슨 뜻인가요?
뜻 글귀절 읽기 구		
節	→ 竹+卽 → 節 (대나무) (마디) 대나무에 이제 곧 마디가 생긴다는 뜻으로 '마디'의 뜻임.	• 이 한자는 무슨 뜻인가요?
뜻 마디 읽기 절		
戶	→ 戶 → 戶 두 짝으로 된 문의 한 짝을 본뜬 글자로 '집', '문'을 뜻함.	• 이 한자는 무슨 뜻인가요?
뜻 집 읽기 호		
仙	→ 亻+山 → 仙 (사람) (산) 사람같이 생겨 산에 사는 이가 신선이라는 뜻임.	• 이 한자는 무슨 뜻인가요?
뜻 신선 읽기 선		

 읽기·쓰기 학습(1)

◆ 아래 한자(漢字)의 뜻과 음(音)을 소리내어 읽으면서 써 봅시다.

件	사건 건	사건 건		
句	글귀절 구	글귀절 구		
節	마디 절	마디 절		
戶	집 호	집 호		
仙	신선 선	신선 선		

◆ 아래 한자(漢字)를 쓰는 순서에 맞게 써 봅시다.

件	ノ イ 亻 仵 件 件
句	ノ 勹 勹 句 句
節	⺮ ⺮ ⺮ 筥 筲 節 節 節
戶	丶 ㇇ 戶 戶
仙	ノ 亻 仈 仙 仙

91

활용 학습(1)

一 생활 속의 한자

1) 민식이는 事事件件 따져 묻습니다.
2) 이 시는 句句節節 슬픈 내용이 많습니다.
3) 人口調査를 위해 班長님이 家家戶戶 방문하셨습니다.
4) 누가 그런 소문을 퍼뜨렸는지 明明白白하게 밝혀져야 합니다.
5) 꽃밭의 꽃이 形形色色으로 아름답습니다.
6) 三·一節은 국경일입니다.

二 한자어 풀이

1) 事事件件(사사건건) : 사건마다.
2) 句句節節(구구절절) : 글귀마다.
3) 家家戶戶(가가호호) : 집집마다.
4) 明明白白(명명백백) : 명백하다.
5) 形形色色(형형색색) : 가지각색.

三 한자 생각 늘리기

▶ 한자의 쓰임

件	➡ 物件(물건), 用件(용건), 事件(사건)
仙	➡ 仙女(선녀), 神仙(신선)
絶	➡ 絶色美人(절색미인 : 다시 없을 정도로 뛰어나게 아름다운 여자)

▶ 첩어 : 같은 글자가 중복되어 이루어진 한자어를 말합니다.
　예 次次(차차), 順順(순순)

 놀이 학습

● 한자 카드놀이를 하여 봅시다. 한자 카드 12개를 가지고 첩어(중복되는 한자어)를 만들어 봅시다.

| 明 | 形 | 事 | 節 | 句 | 家 |
| 虛 | 戶 | 白 | 實 | 件 | 色 |

明	明	白	白
形			
事			
句			
家			
虛			

93

 탐구 학습 (2)

◆ 그림을 보면서 한자(漢字)의 뜻과 음(音)을 알아봅시다.

虛		
뜻: 빌 읽기: 허	∪ → 虍 + 业 → 虛 (호랑이) (함정) 호랑이를 잡으려고 파놓은 함정이 비어 있다는 뜻임.	• 이 한자는 무슨 뜻인가요?
落		
뜻: 떨어질 읽기: 락	→ 艹(풀) 落 → 落 (물) (각각) 풀에 물방울이 각각 떨어진다는 뜻임.	• 이 한자는 무슨 뜻인가요?
揚		
뜻: 날릴 읽기: 양	→ 扌 + 昜 → 揚 (손) (날리다) 손에 든 것을 햇살이 퍼지듯 날린다는 뜻임.	• 이 한자는 무슨 뜻인가요?
非		
뜻: 아닐 읽기: 비	→ 非 → 非 집게 벌레를 반으로 자른 모양으로, 반을 자르니 아니 움직인다는 데서 '아니다'의 뜻을 나타냄.	• 이 한자는 무슨 뜻인가요?
歌		
뜻: 노래 읽기: 가	→ 可 + 欠 → 歌 (옳다) (입을 크게 벌림) '옳지, 옳지' 하고 입을 벌려 노래하는 모습을 본뜬 글자임.	• 이 한자는 무슨 뜻인가요?

읽기·쓰기 학습 (2)

◆ 아래 한자(漢字)의 뜻과 음(音)을 소리내어 읽으면서 써 봅시다.

虛	빌 **허**	빌 허		
落	떨어질 **락**	떨어질 락		
揚	날릴 **양**	날릴 양		
非	아닐 **비**	아닐 비		
歌	노래 **가**	노래 가		

◆ 아래 한자(漢字)를 쓰는 순서에 맞게 써 봅시다.

虛	丨 卜 ト 𠂆 𠂉 虍 虚 虚 虚 虛				
	虛				
落	十 艹 艹 艹 艹 莎 茨 落				
	落				
揚	一 十 扌 扌 扣 押 捐 揚 揚				
	揚				
非	丿 亅 ⺕ ⺕ 非 非				
	非				
歌	一 ㄱ 冖 可 可 哥 哥 歌 歌 歌				
	歌				

활용 학습 (2)

一 생활 속의 한자

1) 원두막 밑에서 잠자는 농부의 모습이 落落長松 같구나!.
2) 축구 선수들은 경기에서 우승하여 意氣揚揚합니다.
3) 이번 기회에 是是非非를 확실히 가려야 합니다.
4) 兄은 大學 수능 試驗에 自信滿滿합니다.

二 한자어 풀이

1) 落落長松(낙락장송) : 축 늘어진 소나무.
2) 意氣揚揚(의기양양) : 의기가 양양하다.
3) 是是非非(시시비비) : 서로 옳고 그름을 시비함.
4) 自信滿滿(자신만만) : 자신에 가득 차다.

三 한자 생각 늘리기

▶ 한자의 쓰임

| 是 | → 是是非非(시시비비) |

| 氣 | → 電氣(전기), 氣力(기력), 感氣(감기) |

| 歌 | → 愛國歌(애국가), 歌手(가수) |

○ 다음 한자(漢字)의 뜻을 써 봅시다.

1. 件 (   )   2. 句 (   )

3. 節 (   )   4. 戶 (   )

○ 다음 한자(漢字)의 음(音)을 써 봅시다.

5. 虛 ○   6. 落 ○

○ 다음 한자어를 읽어 봅시다.

7. 家家戶戶 ○○○○

8. 形形色色 ○○○○

○ 다음 뜻을 가진 한자어를 찾아 (   ) 안에 그 번호를 써 봅시다.

9. 길고 긴 여름날 ·································· (   )
   ① 家家戶戶   ② 自信滿滿
   ③ 長長夏日   ④ 形形色色

10. 집집마다 ······································ (   )
   ① 家家戶戶   ② 明明白白
   ③ 虛虛實實   ④ 意氣揚揚

10. 사자성어

 기본 학습

◆ 성어의 뜻을 생각하며 한자어를 읽어 봅시다.

- **四字成語**는 네 글자로 이루어진 말입니다.
- 사자성어의 뜻을 생각하면 우리의 생활에 도움이 되는 것이 많습니다.
- 예를 들어 **一石二鳥**란 돌 한 개를 던져 새를 두 마리 잡는다는 말로 한 번에 두 가지 이익을 본다는 뜻입니다.

새로 배우는 한자

擧 (거) 들다   兩 (량) 둘   唯 (유) 오직
死 (사) 죽다   辛 (신) 맵다

◆ 다음 한자어를 소리내어 읽어 봅시다.

千篇一律　　作心三日

非一非再　　見物生心

千辛萬苦

새로 배우는 한자

篇 (편) 책　　　授 (수) 주다　　　作 (작) 짓다
物 (물) 만물　　苦 (고) 괴롭다

 탐구 학습(1)

◆ 그림을 보면서 한자(漢字)의 뜻과 음(音)을 알아봅시다.

擧		
뜻 들	양팔을 모아 손으로 든다는 뜻임.	• 이 한자는 무슨 뜻인가요?
읽기 거		

兩		
뜻 둘	양산 속에 두 사람이 들어간 모양을 본 뜬 글자로 '둘'의 뜻임.	• 이 한자는 무슨 뜻인가요?
읽기 량		

唯		
뜻 오직	입으로 새가 낼 수 있는 소리는 '오직' '짹' 하는 소리라는 뜻.	• 이 한자는 무슨 뜻인가요?
읽기 유		

死		
뜻 죽을	뼈만 앙상하게 남은 모습과 사람이 거꾸로 쓰러져 있는 모습을 합한 글자임.	• 이 한자는 무슨 뜻인가요?
읽기 사		

辛		
뜻 매울	정의의 편에 서서 십자가 정신으로 살기란 어려운 일이라는 뜻임.	• 이 한자는 무슨 뜻인가요?
읽기 신		

 읽기·쓰기 학습(1)

◆ 아래 한자(漢字)의 뜻과 음(音)을 소리내어 읽으면서 써 봅시다.

擧	들 거	들 거		
兩	둘 량	둘 량		
唯	오직 유	오직 유		
死	죽을 사	죽을 사		
辛	매울 신	매울 신		

◆ 아래 한자(漢字)를 쓰는 순서에 맞게 써 봅시다.

擧	擧 쓰는 순서 擧			
兩	兩 쓰는 순서 兩			
唯	唯 쓰는 순서 唯			
死	死 쓰는 순서 死			
辛	辛 쓰는 순서 辛			

 활용 학습(1)

一. 생활 속의 한자

1) 매일 걸어서 학교에 가니까 건강에도 좋고 차비도 줄이게 되니 '一石二鳥'로군!
2) 그는 말을 잘해 一擧兩得의 利得을 보았습니다.
3) 그분은 우리 나라에서 唯一無二한 인간 문화재입니다.
4) 영호는 學年末 試驗에서 唯一하게 100점을 받았습니다.
5) 老人은 九死一生으로 살아났습니다.

二. 한자어 풀이

1) 一石二鳥(일석이조) : 한 번의 노력으로 두 가지 이득을 봄.
2) 一擧兩得(일거양득) : 한 가지 일로 두 가지 이득을 봄.
3) 唯一無二(유일무이) : 둘도 없는 오직 하나.
4) 九死一生(구사일생) : 죽을 뻔했다가 살아남.

三. 한자 생각 늘리기

▶ 한자의 뜻이 낱말에 따라 달라집니다.

擧 ─┬─ 들다 : 擧手(거수)
　　└─ 일어나다 : 大擧(대거)

▶ 한자의 쓰임

擧 → 擧手(거수), 擧動(거동), 選擧(선거)

▶ 한자어의 짜임

(대립) 死 ⟷ 生 → 死生(죽고 삶)

(꾸밈) 一石二鳥 (하나의 돌과 두 마리의 새)

 놀이 학습

◉ 다음 성어의 □ 안에 들어 갈 숫자를 어느 새가 가져다 주어야 할까요? 해당되는 번호를 써 봅시다.

어느 새가 제일 많이 가져다 주어야 할까요?

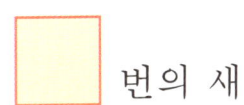 번의 새

 탐구 학습 (2)

◆ 그림을 보면서 한자(漢字)의 뜻과 음(音)을 알아봅시다.

篇	竹 + 扁 → 篇 (대나무) (작다) 대나무의 작은 조각을 엮어 글을 써 놓은 것이 '책'이라는 뜻임.	• 이 한자는 무슨 뜻인가요?
뜻 책 / 읽기 편		
授	扌 + 受 → 授 (손) (받다) 손으로 받도록 준다는 뜻임.	• 이 한자는 무슨 뜻인가요?
뜻 줄 / 읽기 수		
作	亻 + 乍 → 作 (사람) (잠깐) 사람이 잠깐 사이에 작품을 만든다는 데서 '작품', '만든다'의 뜻임.	• 이 한자는 무슨 뜻인가요?
뜻 지을 / 읽기 작		
物	牛 + 勿 → 物 (소) (없다) 소를 팔아 없애고 물건을 장만한다는 데서 '물건'의 뜻임.	• 이 한자는 무슨 뜻인가요?
뜻 만물 / 읽기 물		
苦	艹 + 古 → 苦 (풀) (오래) 꽃이 오래 되면 맛이 쓰다는 뜻임.	• 이 한자는 무슨 뜻인가요?
뜻 괴로울 / 읽기 고		

 읽기·쓰기 학습(2)

◆ 아래 한자(漢字)의 뜻과 음(音)을 소리내어 읽으면서 써 봅시다.

篇	책 **편**	책 편		
授	줄 **수**	줄 수		
作	지을 **작**	지을 작		
物	만물 **물**	만물 물		
苦	괴로울 **고**	괴로울 고		

◆ 아래 한자(漢字)를 쓰는 순서에 맞게 써 봅시다.

篇	⺮ ⺮ 竻 竻 箒 篇 篇					
	篇					
授	一 ㇇ 扌 扌 扩 护 挦 授					
	授					
作	丿 亻 亻 仁 作 作					
	作					
物	丿 ㇇ 牛 牛 牜 物 物 物					
	物					
苦	一 十 ㇐ 艹 䒑 苎 芒 苦 苦					
	苦					

 **활용 학습 (2)**

一 생활 속의 한자

1) 아이들의 글짓기 제목을 보니 千篇一律로 같았습니다.
2) 매일 일기를 쓴다고 했지만 作心三日이었습니다.
3) 영호가 숙제를 해 오지 않는 일은 非一非再합니다.
4) 땅에 떨어진 지갑을 보고 한 친구가 '見物生心이라지만 우리 주인을 찾아 돌려 주자.' 하고 말했습니다.
5) 아버지는 千辛萬苦 끝에 회사를 다시 일으켰습니다.

二 한자어 풀이

1) 千篇一律(천편일률) : 여러 가지가 한 가지와 같음.
2) 作心三日(작심삼일) : 마음 먹은 일이 삼 일도 못 감.
3) 非一非再(비일비재) : 한두 번이 아님.
4) 見物生心(견물생심) : 돈이나 물건을 보면 갖고 싶어 하는 마음이 생김.
5) 千辛萬苦(천신만고) : 갖은 애를 쓰고 고생을 함.

三 한자 생각 늘리기

▶ 한자의 음(音)에 주의합시다. '律'은 '률'로 발음되지만 낱말 앞에 올 때는 '율'로 발음됩니다.

律 ─┬─ 音律(음률)
    └─ 律動(율동)

▶ 한자의 음과 뜻

非 ─┬─ 非一(비일) : '아니다'의 뜻
    └─ 是非(시비) : '그르다'의 뜻

▶ 한자의 쓰임

作 → 作業(작업), 作心(작심), 作名(작명)

● 다음 한자(漢字)의 뜻을 보기 에서 찾아 번호를 ( ) 안에 써 봅시다.

보기   ① 들다   ② 맵다   ③ 책   ④ 물건

1. 辛 (   )   2. 篇 (   )
3. 物 (   )   4. 擧 (   )

● 다음 한자(漢字)의 음(音)을 써 봅시다.

5. 兩 ◯   6. 死 ◯

● 다음 뜻을 가진 성어를 찾아 ( ) 안에 번호를 써 봅시다.

7. 한 가지 일로 두 가지 이익을 본다 ·············· ( )
   ① 一石二鳥   ② 九死一生
   ③ 千篇一律   ④ 作心三日

8. 둘도 없는 오직 하나 ························· ( )
   ① 一擧兩得   ② 非一非再
   ③ 千辛萬苦   ④ 唯一無二

● 다음 □ 안에 들어갈 한자(漢字)를 써 봅시다.

9. 한번 먹은 마음이 삼 일을 못 간다.

   作 □ 三 日

10. 물건을 보면 가지고 싶은 마음이 생긴다.

    見 物 □ 心

107

11. 지구촌 시대

 기본 학습

◆ 지구촌 시대를 생각하면서 한자어를 읽어 봅시다.

先進祖國　　進化
人類共榮　　世界平和
　　友好的

새로 배우는 한자

進 (진) 나아가다　　類 (류) 같다　　榮 (영) 영화
界 (계) 지경　　　　好 (호) 좋다

◆ 다음 한자어를 소리내어 읽어 봅시다.

友好增進　獨立國家

參與　　　現在

過去　　　未來

새로 배우는 한자

增 (증) 더하다　　獨 (독) 홀로　　與 (여) 참여하다
過 (과) 지나다　　去 (거) 가다

◆ 그림을 보면서 한자(漢字)의 뜻과 음(音)을 알아봅시다.

進	辶(나아가다) + 隹(새) → 進	• 이 한자는 무슨 뜻인가요?
뜻: 나아갈 / 읽기: 진	새가 달리듯 앞으로 나아간다는 뜻임.	

類	米(쌀) 犬(개) + 頁(머리) → 類	• 이 한자는 무슨 뜻인가요?
뜻: 같을 / 읽기: 류	쌀겨를 뒤집어 쓴 개의 머리가 비슷하다는 뜻에서 '같다'의 뜻임.	

榮	→ 榮	• 이 한자는 무슨 뜻인가요?
뜻: 영화 / 읽기: 영	불꽃을 덮어씌운 나무 앞에서 하늘에 영화를 돌린다는 데서 '영화'의 뜻임.	

界	田(밭) + 介(끼다) → 界	• 이 한자는 무슨 뜻인가요?
뜻: 지경 / 읽기: 계	밭 사이에 끼인 선이 경계라는 뜻임.	

好	女(여자) + 子(아들) → 好	• 이 한자는 무슨 뜻인가요?
뜻: 좋을 / 읽기: 호	여자가 아들을 안고 좋아한다는 뜻임.	

 읽기·쓰기 학습(1)

◆ 아래 한자(漢字)의 뜻과 음(音)을 소리내어 읽으면서 써 봅시다.

進	나아갈 **진**	나아갈 진		
類	같을 **류**	같을 류		
榮	영화 **영**	영화 영		
界	지경 **계**	지경 계		
好	좋을 **호**	좋을 호		

◆ 아래 한자(漢字)를 쓰는 순서에 맞게 써 봅시다.

進	亻 彳 仁 仹 隹 佳 進 進 進
類	丷 䒑 半 米 米 类 类 類 類 類
榮	丷 䒑 ⺌ 灬 炏 炏 炏 荢 榮 榮
界	丨 冂 冂 田 田 尹 界 界 界
好	乚 乂 女 妤 好 好

 활용 학습(1)

一 생활 속의 한자

1) 우리 나라는 先進祖國을 향해 발전하고 있습니다.
2) 人類는 오랜 세월을 거치면서 進化해 왔습니다.
3) 우리는 世界平和와 人類共榮에 이바지해야 합니다.
4) 지구촌 時代에 사는 우리들은 어느 民族이든 友好的으로 대해야 합니다.

二 한자어 풀이

1) 先進祖國(선진 조국) : 앞서 나아가는 조국.
2) 進化(진화) : 점점 좋게 나아짐.
3) 世界平和(세계 평화) : 평화로운 세계.
4) 人類共榮(인류 공영) : 인류가 함께 번영하는 것.
5) 友好的(우호적) : 서로 좋게 지내려는 감정.

三 한자 생각 늘리기

▶ 한자의 짜임
   女(여자) + 子(아들) → 好(좋다)
▶ 서로 뜻이 맞서는 한자
   進(나아가다) ←→ 退(물러가다)
▶ 한자의 쓰임
   類 → 人類(인류), 鳥類(조류), 分類(분류)

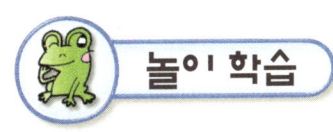 놀이 학습

○ 지금은 지구촌 시대입니다. 세계의 나라와 수도를 알아봅시다. 해당되는 나라의 수도를 찾아 (　)안에 그 번호를 써 봅시다.

北韓  (　)

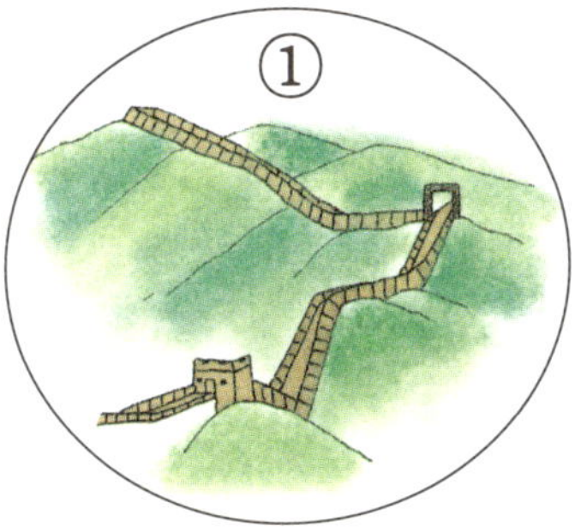

① 여기는 베이징입니다.

② 여기는 베를린입니다.

美國  (　)

獨日  (　)

③ 여기는 도쿄입니다.

④ 여기는 서울입니다.

韓國 (　)

⑥ 여기는 평양입니다.

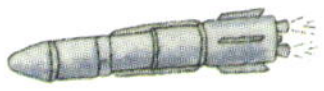

日本 (　)

⑤ 여기는 워싱턴입니다.

中國 (　)

 탐구 학습 (2)

◆ 그림을 보면서 한자(漢字)의 뜻과 음(音)을 알아봅시다.

增	土 + 曾 → 增 (흙) (거듭 포갬)	• 이 한자는 무슨 뜻인가요?
뜻: 더할 읽기: 증	흙에 거듭 포개어 덮는다는 데서 '더하다'의 뜻임.	
獨	犭 + 蜀 → 獨 (개) (닭)	• 이 한자는 무슨 뜻인가요?
뜻: 홀로 읽기: 독	개나 닭은 각각 홀로 있어야 한다는 데서 '홀로'의 뜻임.	
與	→ 與 → 與	• 이 한자는 무슨 뜻인가요?
뜻: 참여할 읽기: 여	양 손에 스패너를 들고 타인과 더불어 정비에 참여한다는 뜻임.	
過	辶 + 咼 → 過 (가다) (입이 비뚤어짐)	• 이 한자는 무슨 뜻인가요?
뜻: 지날 읽기: 과	입이 비뚤어졌다는 것은 입이 제자리를 지나간 것이란 뜻임.	
去	→ 去 → 去	• 이 한자는 무슨 뜻인가요?
뜻: 갈 읽기: 거	탱크가 지나가는 모양을 본뜬 글자로 '물러가다', '가다'의 뜻임.	

 읽기·쓰기 학습(2)

◆ 아래 한자(漢字)의 뜻과 음(音)을 소리내어 읽으면서 써 봅시다.

增	더할 증	더할 증		
獨	홀로 독	홀로 독		
與	참여할 여	참여할 여		
過	지날 과	지날 과		
去	갈 거	갈 거		

◆ 아래 한자(漢字)를 쓰는 순서에 맞게 써 봅시다.

增	土 圵 圬 圬 增 增 增						
	增						
獨	⺁ ⺁ 犭 犭 犭 獨 獨 獨						
	獨						
與	⺁ ⺁ ⺁ ⺁ 臼 臼 臼 與 與 與						
	與						
過	冂 冋 咼 咼 過						
	過						
去	一 十 土 去 去						
	去						

115

 활용 학습 (2)

一 생활 속의 한자

1) 우리는 세계 여러 나라와 友好增進을 통해 세계 평화에 이바지해야 합니다.
2) 우리 나라는 自主獨立國家입니다.
3) 국민은 國家發展에 參與해야 할 義務가 있습니다.
4) 人間은 現在에 滿足하지 않고 未來를 꿈꾸며 삽니다.
5) 민수는 過去의 잘못을 깊이 반성하는 것 같았습니다.

二 한자어 풀이

1) 友好增進(우호증진) : 더욱 사이좋게 지냄.
2) 獨立國家(독립국가) : 남의 나라의 간섭을 받지 않는 나라.
3) 參與(참여) : 어떤 일에 참가하여 관계함.
4) 現在(현재) : 지금의 시간.
5) 過去(과거) : 지난 시간.
6) 未來(미래) : 앞으로 올 시간.

三 한자 생각 늘리기

▶ 자전에서 한자 찾기(한자 총 획수로 찾기)
  총획에서 해당 한자를 찾아 그 아래 적힌 쪽수를 찾아 봅니다.

  예 去 ➡ 去는 一 十 土 去 去 즉, 5획이므로 5획에서 찾습니다.

▶ 모양이 비슷한 한자
  去(갈 거) ─── 法(법 법)

◐ 다음 뜻과 음(音)을 가진 한자(漢字)를 보기에서 찾아 ( ) 안에 번호를 써 봅시다.

| 보기 | ① 榮 | ② 進 | ③ 過 | ④ 獨 |

1. 나아갈 진 (   )   2. 홀로 독 (   )
3. 영화 영 (   )   4. 지날 과 (   )

◐ 다음 한자어의 음(音)을 써 봅시다.

5. 人類共榮에 이바지하자.   ○○○○

6. 友好增進에 힘씁시다.   ○○○○

7. 다음 □ 안에 알맞은 한자(漢字)를 써 봅시다.

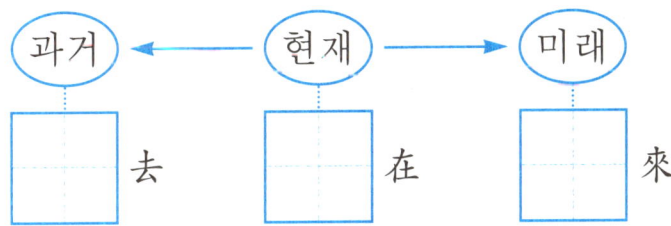

◐ 다음 한자어의 뜻을 선으로 이어 봅시다.

8. 過去 •   • 온 세상

9. 世界 •   • 지나간 시간

10. 前進 •   • 앞으로 나아감

12. 졸업을 앞두고

 기본 학습

◆ 졸업을 앞두고 자신의 할 일을 생각하며 한자어를 읽어 봅시다.

卒業式　　退場　　首席

入學　　決心　　始作

새로 배우는 한자

卒 (졸) 마치다　　式 (식) 법　　退 (퇴) 물러나다

首 (수) 머리　　決 (결) 결정하다　　始 (시) 비로소

◆ 다음 한자어를 소리내어 읽어 봅시다.

受賞　文集　有終之美

到着　　歲月

새로배우는한자

受 (수) 받다　　集 (집) 모으다　　之 (지) 가다
到 (도) 닿다　　着 (착) 붙다　　歲 (세) 해

 탐구 학습 (1)

◆ 그림을 보면서 한자(漢字)의 뜻과 음(音)을 알아봅시다.

卒	衣 + 十 → 卒 (옷) (十자)	이 한자는 무슨 뜻인가요?
뜻 마칠 / 읽기 졸	똑같은 옷을 입고 十자로 모여선 자가 '군사'라는 뜻으로 '마친다'의 뜻도 있음.	
式	工 + 弋 → 式 (만들다) (주살)	이 한자는 무슨 뜻인가요?
뜻 법 / 읽기 식	주살을 만드는데도 법식이 있다는 뜻임.	
退	辶 + 艮 → 退 (달리다) (멈추다)	이 한자는 무슨 뜻인가요?
뜻 물러날 / 읽기 퇴	전진하는 걸 멈추고 뒤로 달려 물러간다는 뜻임.	
首	→ 首	이 한자는 무슨 뜻인가요?
뜻 머리 / 읽기 수	깃을 단 모자를 쓰고 마스크를 한 머리의 모양을 본뜬 글자로 '머리'의 뜻임.	
決	氵 + 夬 → 決	이 한자는 무슨 뜻인가요?
뜻 결정할 / 읽기 결	물이라는 뜻의 와 터 놓는다는 뜻의 을 합친 글자로 결정하다 의 뜻임.	

읽기·쓰기 학습(1)

◆ 아래 한자(漢字)의 뜻과 음(音)을 소리내어 읽으면서 써 봅시다.

卒	마칠 졸	마칠 졸		
式	법 식	법 식		
退	물러날 퇴	물러날 퇴		
首	머리 수	머리 수		
決	결정할 결	결정할 결		

◆ 아래 한자(漢字)를 쓰는 순서에 맞게 써 봅시다.

卒	丶 亠 广 亠 卆 卒 卒 卒						
式	一 丅 土 式 式 式						
退	𠃌 コ ヨ 艮 艮 艮 退 退						
首	丶 ᅭ 丷 产 产 首 首 首						
決	丶 冫 氵 汀 汁 決 決 決						

활용 학습 (1)

一 생활 속의 한자

1) 오늘은 初等學校 6年間을 마치는 卒業式입니다.
2) 卒業式이 끝나자 모두 退場하였습니다.
3) 민호는 中學校 배치 시험에 首席의 榮光을 차지했습니다.
4) 우리는 모두 中學校에 入學하게 됩니다.
5) 나는 중학생이 되면 더욱 공부를 열심히 하겠다고 決心했습니다.
6) 교장 선생님께서는 졸업은 '끝이 아니라 始作'이라고 말씀하셨습니다.

二 한자어 풀이

1) 卒業式(졸업식) : 졸업장을 받는 의식.
2) 退場(퇴장) : 그 자리를 물러감.
3) 首席(수석) : 서열에서 맨 윗자리.
4) 入學(입학) : 학교에 들어감.
5) 決心(결심) : 마음을 정함.
6) 始作(시작) : 처음으로 함.

三 한자 생각 늘리기

▶ 한자어의 짜임(대립 관계)
  進(나아갈 진) + 退(물러날 퇴) ➡ 進退(나아가고 물러섬)

▶ 한자의 쓰임
  式 ➡ 入學式(입학식), 記念式(기념식)

▶ 서로 뜻이 맞서는 한자
  始(시작) ⟷ 終(마침)

▶ 서로 뜻이 맞서는 한자어
  入學(입학) ⟷ 卒業(졸업)

 놀이 학습

◐ 초등한자를 마치게 됩니다. 우리가 배운 한자는 어느 새 많은 열매를 맺었습니다. 한자 열매를 따서 한자어를 만들어 바구니에 담아 봅시다.

정답에 구애받지 말고 자유롭게 만들어 봅시다.

 탐구 학습 (2)

◆ 그림을 보면서 한자(漢字)의 뜻과 음(音)을 알아봅시다.

受		
뜻: 받을 / 읽기: 수	손으로 집게와 덮개를 받는다는 데서 '받다'의 뜻이 있음.	• 이 한자는 무슨 뜻인가요?
集		
뜻: 모을 / 읽기: 집	佳(새) + 木(나무) → 集 새가 나무 위에 모인다는 데서 '모으다'의 뜻임.	• 이 한자는 무슨 뜻인가요?
之		
뜻: 갈 / 읽기: 지	부리를 벌리고 새가 앞으로 가는 모양을 본뜬 글자임.	• 이 한자는 무슨 뜻인가요?
到		
뜻: 닿을 / 읽기: 도	至(이르렀다) + 刂(칼) → 到 표적을 향해 던진 칼끝이 과녁에 이르러 '닿았다'는 뜻임.	• 이 한자는 무슨 뜻인가요?
着		
뜻: 붙을 / 읽기: 착	羊(양) + 目(눈) → 着 양들이 눈을 보면서 붙어(떼지어) 다닌다는 데서 '붙다'의 뜻임.	• 이 한자는 무슨 뜻인가요?

 읽기·쓰기 학습(2)

◆ 아래 한자(漢字)의 뜻과 음(音)을 소리내어 읽으면서 써 봅시다.

受	받을 **수**	받을 수		
集	모을 **집**	모을 집		
之	갈 **지**	갈 지		
到	닿을 **도**	닿을 도		
着	붙을 **착**	붙을 착		

◆ 아래 한자(漢字)를 쓰는 순서에 맞게 써 봅시다.

受	受				
集	集				
之	之				
到	到				
着	着				

125

활용 학습(1)

一 생활 속의 한자

1) 나는 敎育長賞을 受賞하였습니다.
2) 우리 반은 마지막으로 학급 文集을 만들었습니다.
3) 선생님께서는 '有終之美'를 해야 한다면서 '교실을 깨끗이 정리하자'고 말씀하셨습니다.
4) 나는 가까스로 졸업식 始作前에 式場에 到着하였습니다.
5) 학교에 入學한 지 벌써 六年이라는 歲月이 흘렀습니다.

二 한자어 풀이

1) 受賞(수상) : 상을 받음.
2) 文集(문집) : 시나 문장 등을 모은 책.
3) 有終之美(유종지미) : 어떤 일의 끝맺음을 잘함.
4) 到着(도착) : 목적지에 다다르는 것.
5) 歲月(세월) : 지나가는 시간.

三 한자 생각 늘리기

▶ 한자어의 짜임(대립 관계)

始(시작) + 終(마침) ➡ 始終(시작과 끝)

受賞(수상) : 상을 받다

▶ 모양이 비슷한 한자

┌ 受(받을 수) ― 受賞(수상), 接受(접수)
└ 授(줄 수) ― 授業(수업), 授與(수여)

○ 다음 한자(漢字)의 뜻과 음(音)을 써 봅시다.

1. 首 (   )   2. 退 (   )

3. 終 (   )   4. 到 (   )

○ 다음 한자어의 음(音)을 써 봅시다.

5. 有終之美 ○ ○ ○ ○

6. 首席合格 ○ ○ ○ ○

7. 다음 그림을 보고 □안에 알맞은 한자어를 보기 에서 찾아 써 봅시다.

| 보기 | 到 | 受 | 卒 |

□業   □賞   □着

○ 다음 한자어와 그 뜻을 바르게 선으로 이어 봅시다.

8. 到着 •   • 무엇을 주다

9. 受與 •   • 목적에 다다름

10. 始終 •   • 시작과 끝

이 책에서 새로 배운 한자

※는 중학교 교육용 한자(漢字) 이외의 한자임.

부록

1. 근면 성실

勤　(근)　부지런하다
勉　(면)　힘쓰다
成　(성)　이루다
功　(공)　이바지하다
聖　(성)　성인
至　(지)　이르다
的　(적)　과녁
認　(인)　인정하다
定　(정)　정하다
留　(유)　머무르다
實　(실)　열매
※踐　(천)　밟다

2. 운동과 경기

競　(경)　다투다
參　(참)　참여하다
加　(가)　더하다

選　(선)　뽑다
電　(전)　전기
波　(파)　물결
放　(방)　놓다
送　(송)　보내다
體　(체)　몸
典　(전)　법
勝　(승)　이기다
敗　(패)　패하다
氣　(기)　기운

3. 민족의 근원

※檀　(단)　박달나무
君　(군)　임금
玉　(옥)　구슬
族　(족)　겨레
孫　(손)　손자
片　(편)　조각
臣　(신)　신하

歷 (력) 지내다
史 (사) 역사
※弘 (홍) 넓다
半 (반) 조각, 절반
單 (단) 홑

4. 조상의 빛난 얼

傳 (전) 전하다
記 (기) 기록하다
詩 (시) 시문
畫 (화) 그림
精 (정) 정신
遺 (유) 남다
神 (신) 귀신
思 (사) 생각하다
想 (상) 생각하다
偉 (위) 훌륭하다
香 (향) 향기

5. 법과 사회 생활

※社 (사) 모이다
會 (회) 모으다
※制 (제) 마르다, 법
法 (법) 법
律 (률) 법
約 (약) 기약하다
※束 (속) 묶다
俗 (속) 풍속
※規 (규) 법
則 (칙) 법칙
罪 (죄) 죄

6. 민주주의 국가

政 (정) 다스리다
治 (치) 다스리다
武 (무) 군사
接 (접) 접하다
開 (개) 열
責 (책) 꾸짖다
必 (필) 반드시
新 (신) 새롭다
聞 (문) 듣다
※員 (원) 인원

7. 자랑스런 우리 나라

韓	(한)	나라
太	(태)	크다
極	(극)	다하다
※旗	(기)	깃발
※窮	(궁)	다하다
漢	(한)	한나라
島	(도)	섬
空	(공)	비다
軍	(군)	군사
兵	(병)	병사
亡	(망)	망하다

8. 통일 조국을 위해

統	(통)	거느리다
念	(념)	생각
願	(원)	바라다
圖	(도)	그림, 꾀하다
流	(류)	흐르다
敵	(적)	원수, 대적하다
殺	(살)	죽이다
應	(응)	응하다
備	(비)	갖추다
患	(환)	근심
戰	(전)	싸우다
爭	(쟁)	다투다

9. 재미있는 한자어

※件	(건)	사건
句	(구)	글귀절
節	(절)	마디
戶	(호)	집
仙	(선)	신선
絶	(절)	끊다
虛	(허)	비다
落	(락)	떨어지다
揚	(양)	날리다
比	(비)	아니다
歌	(가)	노래
是	(시)	옳다

10. 사자성어

| 擧 | (거) | 들다 |

兩　（량）　둘
唯　（유）　오직
死　（사）　죽다
辛　（신）　맵다
篇　（편）　책
授　（수）　주다
作　（작）　짓다
物　（물）　만물
苦　（고）　괴롭다

11. 지구촌 시대

進　（진）　나아가다
※類　（류）　같다
榮　（영）　영화
界　（계）　지경
好　（호）　좋다
增　（증）　더하다
獨　（독）　홀로
與　（여）　참여하다
過　（과）　지나다
去　（거）　가다

12. 졸업을 앞두고

卒　（졸）　마치다
式　（식）　법
退　（퇴）　물러나다
首　（수）　머리
決　（결）　결정하다
始　（시）　비로소
受　（수）　받다
集　（집）　모으다
之　（지）　가다
到　（도）　닿다
着　（착）　붙다
歲　（세）　해

부록

■ 연구위원 ■

- 김윤중 (일산 현산초등학교 교장)
- 이동태 (서울 예일초등학교 교장)
- 양세열 (광주 효동초등학교 교장)
- 홍진복 (서울 신사초등학교 교장)

■ 집필위원 ■

- 홍진복 (서울 신사초등학교 교장)
- 홍경희 (대구 송정초등학교 교감)
- 이영희 (한자사랑교육연구회 연구위원)
- 이동태 (서울 예일초등학교 교장)
- 양복실 (서울 수색초등학교 교사)

■ 삽 화 ■

- 김동문

초등 학교 한자 6단계

2015년 1월 15일 3판 1쇄 인쇄
2015년 1월 20일 3판 1쇄 발행

지은이 · 홍진복 외 4인
발행인 · 유원상
펴낸곳 · 상서각 출판사

등록 · 2002. 8. 22 (제8-377호)
주소 · 서울시 은평구 불광동 268-5 201호
전화 · 356-5353   FAX · 356-8828

한자능력검정시험 대비

8급 배정한자 (50자)

ㄱ	校	敎	九	國	軍	金	ㄴ
	학교 교	가르칠 교	아홉 구	나라 국	군사 군	쇠 금, 성 김	
南	女	年	ㄷ	大	東	ㄹ	六
남녘 남	계집 녀	해 년		큰 대	동녘 동		여섯 륙
ㅁ	萬	母	木	門	民	ㅂ	白
	일만 만	어미 모	나무 목	문 문	백성 민		흰 백
父	北	ㅅ	四	山	三	生	西
아비 부	북녘 북		넉 사	메 산	석 삼	날 생	서녘 서
先	小	水	室	十	ㅇ	五	王
먼저 선	작을 소	물 수	집 실	열 십		다섯 오	임금 왕
外	月	二	人	一	日	ㅈ	長
바깥 외	달 월	두 이	사람 인	한 일	날 일		긴·어른 장
弟	中	ㅊ	靑	寸	七	ㅌ	土
아우 제	가운데 중		푸를 청	마디 촌	일곱 칠		흙 토
ㅍ	八	ㅎ	學	韓	兄	火	
	여덟 팔		배울 학	한국·나라 한	형 형	불 화	

7급 배정한자 (150자 〈8급 배정한자+신습한자 100자〉)

ㄱ	家	歌	間	江	車	工	空
	집 가	노래 가	사이 간	강 강	수레 거·차	장인 공	빌 공
口	旗	氣	記	ㄴ	男	內	農
입 구	기 기	기운 기	기록할 기		사내 남	안 내	농사 농
ㄷ	答	道	冬	動	同	洞	登
	대답 답	길 도	겨울 동	움직일 동	한가지 동	마을 동	오를 등
ㄹ	來	力	老	里	林	立	ㅁ
	올 래	힘 력	늙을 로	마을 리	수풀 림	설 립	
每	面	名	命	問	文	物	ㅂ
매양 매	낯 면	이름 명	목숨 명	물을 문	글월 문	물건 물	
方	百	夫	不	ㅅ	事	算	上
모 방	일백 백	지아비 부	아닐 불·부		일 사	셈할 산	위 상
色	夕	姓	世	少	所	手	數
빛 색	저녁 석	성 성	인간 세	적을·젊을 소	바 소	손 수	셈할 수

市	時	植	食	心	ㅇ	安	語
저자 시	때 시	심을 식	밥·먹을 식	마음 심		편안 안	말씀 어
然	午	右	有	育	邑	入	ㅈ
그럴 연	낮 오	오른 우	있을 유	기를 육	고을 읍	들 입	
子	字	自	場	全	前	電	正
아들 자	글자 자	스스로 자	마당 장	온전 전	앞 전	번개 전	바를 정
祖	足	左	主	住	重	地	紙
할아비 조	발·넉넉할 족	왼 좌	주인 주	살 주	무거울 중	땅 지	종이 지
直	ㅊ	千	天	川	草	村	秋
곧을 직		일천 천	하늘 천	내 천	풀 초	마을 촌	가을 추
春	出	ㅍ	便	平	ㅎ	下	夏
봄 춘	날 출		편할 편, 오줌 변	평평할 평		아래 하	여름 하
漢	海	花	話	活	孝	後	休
한수 한	바다 해	꽃 화	말씀·이야기 화	살 활	효도 효	뒤 후	쉴 휴

6급 배정한자 (300자 〈7급 배정한자+신습한자 150자〉)

ㄱ	各 각각 각	角 뿔 각	感 느낄 감	強 강할 강	開 열 개
京 서울 경	計 셀 계	界 지경 계	高 높을 고	苦 쓸·괴로울 고	古 예 고
功 공 공	公 공평할·공변될 공	共 함께 공	科 과목 과	果 열매 과	光 빛 광
交 사귈 교	球 공·구슬 구	區 구분할·구역 구	郡 고을 군	近 가까울 근	根 뿌리 근
今 이제 금	急 급할 급	級 등급 급	ㄷ	多 많을 다	短 짧을 단
堂 집 당	待 기다릴 대	代 대신할 대	對 대할 대	圖 그림 도	度 법도 도
讀 읽을 독	童 아이 동	頭 머리 두	等 무리 등	ㄹ	樂 즐거울 락·노래 악·좋아할 요
例 법식 례	禮 예도 례	路 길 로	綠 푸를 록	理 다스릴 리	李 오얏·성 리
利 이로울 리	ㅁ	明 밝을 명	目 눈 목	聞 들을 문	米 쌀 미

美	ㅂ	朴	班	反	半
아름다울 미		성 박	나눌 반	돌이킬 반	반 반
發	放	番	別	病	服
쏠·필 발	놓을 방	차례 번	다를·나눌 별	병 병	옷 복
本	部	分	人	社	死
근본 본	나눌·떼 부	나눌 분		모일 사	죽을 사
使	書	石	席	線	雪
하여금·부릴 사	글 서	돌 석	자리 석	줄 선	눈 설
省	成	消	速	孫	樹
살필 성	이룰 성	사라질 소	빠를 속	손자 손	나무 수
術	習	勝	始	式	神
재주 술	익힐 습	이길 승	비로소 시	법 식	귀신 신
身	信	新	失	ㅇ	愛
몸 신	믿을 신	새 신	잃을 실		사랑 애
野	夜	藥	弱	陽	洋
들 야	밤 야	약 약	약할 약	볕 양	큰바다 양
言	業	永	英	溫	勇
말씀 언	일 업	길 영	꽃부리 영	따뜻할 온	날랠 용

用	運	園	遠	油	由
쓸 용	옮길 운	동산 원	멀 원	기름 유	말미암을 유
銀	飮	音	意	衣	醫
은 은	마실 음	소리 음	뜻 의	옷 의	의원 의
ㅈ	者	昨	作	章	在
	놈 자	어제 작	지을 작	글 장	있을 재
才	戰	庭	定	題	第
재주 재	싸울 전	뜰 정	정할 정	제목 제	차례 제
朝	族	晝	注	集	ㅊ
아침 조	겨레 족	낮 주	부을 주	모을 집	
窓	淸	體	親	ㅌ	太
창 창	맑을 청	몸 체	친할 친		클 태
通	特	ㅍ	表	風	ㅎ
통할 통	특별할 특		겉 표	바람 풍	
合	行	幸	向	現	形
합할 합	다닐 행	다행 행	향할 향	나타날 현	모양 형
號	畫	和	黃	會	訓
이름 호	그림 화	화목할 화	누를 황	모을 회	가르칠 훈

5급 배정한자 (500자 〈6급 배정한자+신습한자 200자〉)

ㄱ	價 값 가	加 더할 가	可 옳을 가	改 고칠 개	客 손 객	去 갈 거	擧 들 거
件 물건 건	健 굳셀 건	建 세울 건	格 격식 격	見 볼 견	決 결정할 결	結 맺을 결	敬 공경할 경
景 볕·경치 경	競 다툴 경	輕 가벼울 경	告 고할 고	固 굳을 고	考 생각할 고	曲 굽을 곡	課 부과할·과정 과
過 지날 과	觀 볼 관	關 관계할 관	廣 넓을 광	橋 다리 교	具 갖출 구	求 구원할 구	舊 예 구
局 판 국	貴 귀할 귀	規 법 규	給 줄 급	基 터 기	己 몸 기	技 재주 기	期 기약할 기
汽 물끓는김 기	吉 길할 길	ㄴ	念 생각 념	能 능할 능	ㄷ	團 둥글 단	壇 단 단
談 말씀 담	當 마땅할 당	德 큰 덕	到 이를 도	島 섬 도	都 도읍 도	獨 홀로 독	ㄹ
落 떨어질 락	朗 밝을 랑	冷 찰 랭	良 어질 량	量 헤아릴 량	旅 나그네 려	歷 지날 력	練 익힐 련
令 하여금 령	領 거느릴 령	勞 일할 로	料 헤아릴 료	流 흐를 류	類 무리·비슷할 류	陸 뭍 륙	ㅁ

馬	末	亡	望	買	賣	無	ㅂ
말 마	끝 말	망할 망	바랄 망	살 매	팔 매	없을 무	
倍	法	變	兵	福	奉	比	費
곱 배	법 법	변할 변	병사 병	복 복	받들 봉	견줄 비	쓸 비
鼻	氷	ㅅ	仕	史	士	寫	思
코 비	얼음 빙		섬길 사	역사 사	선비 사	베낄 사	생각할 사
查	産	商	相	賞	序	仙	善
조사할 사	낳을 산	장사 상	서로 상	상줄 상	차례 서	신선 선	착할 선
船	選	鮮	說	性	歲	洗	束
배 선	가릴·뽑을 선	고울 선	말씀 설, 달랠 세	성품 성	해 세	씻을 세	묶을 속
首	宿	順	示	識	臣	實	ㅇ
머리 수	잘 숙	순할 순	보일 시	알 식	신하 신	열매 실	
兒	惡	案	約	養	漁	魚	億
아이 아	악할 악, 미워할 오	책상 안	약속할·맺을 약	기를 양	고기잡을 어	물고기 어	억 억
熱	葉	屋	完	曜	要	浴	友
더울 열	잎 엽	집 옥	완전할 완	빛날 요	요긴할 요	목욕할 욕	벗 우
牛	雨	雲	雄	元	原	院	願
소 우	비 우	구름 운	수컷 웅	으뜸 원	언덕 원	집 원	원할 원

位 자리 위	偉 클·위대할 위	以 써 이	耳 귀 이	因 인할 인	任 맡길 임	ㅈ	再 두 재
材 재목 재	災 재앙 재	財 재물 재	爭 다툴 쟁	貯 쌓을 저	的 과녁 적	赤 붉을 적	傳 전할 전
典 법 전	展 펼 전	切 끊을 절, 온통 체	節 마디 절	店 가게 점	停 머무를 정	情 뜻 정	操 잡을 조
調 고를 조	卒 마칠·군사 졸	種 씨 종	終 마칠 종	罪 허물 죄	州 고을 주	週 주일 주	止 그칠 지
知 알 지	質 바탕 질	ㅊ	着 붙을 착	參 참여할 참	唱 부를 창	責 꾸짖을 책	鐵 쇠 철
初 처음 초	最 가장 최	祝 빌 축	充 채울 충	致 이를 치	則 법칙 칙	ㅌ	他 다를 타
打 칠 타	卓 높을 탁	炭 숯 탄	宅 집 택	ㅍ	板 널 판	敗 패할 패	品 물건 품
必 반드시 필	筆 붓 필	ㅎ	河 물 하	寒 찰 한	害 해할 해	許 허락할 허	湖 호수 호
化 될·화할 화	患 근심 환	效 본받을 효	凶 흉할 흉	黑 검을 흑			